WIKIPEDIA
Die freie Enzyklopädie

Beisl

Ein **Beisl** oder **Beisel** ist ein österreichisches Wirtshaus oder Gasthaus. Ein *Beisl* ist ein Verwandter der italienischen Trattoria und entspricht grob dem, was in Deutschland Kneipe und in der Schweiz Beiz genannt wird. Das Beisl ist meistens sozial eng mit dem Grätzl verbunden, in dem es liegt.

Typisch für ein Beisl sind: Schank, Kühlwand, Holzverkleidung der Wände, Brett mit Haken (anstelle eines Kleiderständers), beweglicher Raumteiler, Holztische, eventuell karierte Tischtücher, Wirt, schwarze Kreidetafel zur Ankündigung der angebotenen Speisen und Getränke, Seidel und Glaserl, Würzensembles (Salz, Pfeffer, ev. Speisewürze, Zahnstocher), Stammtischzeichen. Diese Elemente können variiert bzw. in den „Nobelbeisln" auch auf höherem Niveau fortgeführt oder weggelassen (z. B. das Würzensemble) werden.

Laut *Wörterbuch der bairischen Mundarten in Österreich* stammt der Begriff vom tschechischen „pajzl" ab, was so viel wie Kneipe oder Spelunke bedeutet. Es handelt sich um eine verkleinernde Kurzform des Worts „hampejz" – mit den Bedeutungen „Hundehäuschen", „Kegelbahn", später auch „Bordell". Andere Möglichkeiten sind von Jiddisch *bajiss* (Haus) oder als österreichisch-dialektaler Diminutiv zu dem im ganzen deutschen Sprachraum verbreiteten Wort Beize sein.

Zunächst verstand man in Wien unter Beisl ein Lokal niederer Güte, bis sich ein Bedeutungswandel zum Besseren einstellte. Heute spricht man sogar von Nobelbeisln, das sind Lokale mit verfeinerter bodenständiger Küche, in denen sich die Noblesse trifft.

Lokalbeschreibungen von Florian Holzer (FH)
und Andreas Oberndorfer (AO)

Cover-Fotos: www.istockphoto.com, Alexi Pelekanos, Erich Reismann

Wohnzimmer

der Stadt

ELOGE AUF DAS BEISL

TEXT VON CHRISTIAN SEILER

FOTOS VON PETER M. MAYR und PHILIPP HORAK

ILLUSTRATION VON MARKUS ROOST

Man hat Zeit, an etwas anderes zu denken als an die Qualität der Speisekarte. Das Essen ist nicht das erste Thema, es drängt sich nicht in den Vordergrund.

Wenn man die Frage, wie gut in einer Stadt gegessen wird, mit dem Hinweis auf die Dichte der Spitzenrestaurants beantworten möchte, isst man in Kopenhagen außergewöhnlich gut. Nicht weniger als zwölf Restaurants sind mit Michelin-Sternen ausgezeichnet, und in der Wertung des britischen *Restaurant Magazine* steht das „Noma" des Kopenhagener Kochs René Redzepi ganz oben. Das beste Restaurant der Welt und elf weitere Sternehütten. Noch Fragen?

Ja. Waren Sie einmal in Kopenhagen? Und haben Sie versucht, abseits der absoluten Spitzengastronomie, die super ist und einfallsreich und um die ich Kopenhagen ausgesprochen beneide, in einem Wirtshaus am Eck eine Kleinigkeit zu essen? Sie haben nur einen „Starbucks" oder „Burger King" oder zweifelhafte Döner-Läden gefunden? Oder Sie waren bei Ida Davidsen und haben sich einen halben Block lang angestellt, um in ihrem Smörrebröd-Keller tolle belegte Brote zu verzehren und sich zur Belohnung für die lange Wartezeit mit Aquavit anzuschippern?

Ging mir genauso. Aber ich ließ nicht locker, und ich fragte in jeder Spitzenhütte, die ich ausprobierte, wo man denn einen guten, dänischen Schweinsbraten essen könnte oder was weiß ich, Fisch? Dafür erntete ich stets Schulterzucken, und als ich auf gut Glück in zwei, drei Beisln ging, um dort irgendetwas Normales zu essen, keine Lawine dafür auszugeben und vielleicht einen Eindruck davon zu bekommen, was man in Kopenhagen so isst, wenn man sich seine Ingredienzen nicht im Versuchslabor selbst züchtet, wie das „Noma", oder die besten Produkte aus Frankreich einfliegt, wie alle anderen.

Das war keine gute Idee. Ich aß fantastisch in Kopenhagen, und fantastisch schlecht. Zwischen den Sternehütten und dem Beisl am Eck besteht keine andere Verbindung als Entweder-Oder. Verschiedene Planeten. Ich kam also mit dem Eindruck zurück nach Wien, dass Kopenhagen kein gutes Beispiel für gute Küche ist.

Gemessen an der Dichte der Spitzenrestaurants herrscht in Wien kulinarische Trockenzeit. Das „Steirereck" ist nach dem Verglühen von „Coburg" und „Meinl" eine solitäre Erscheinung im Stadtpark, und trotzdem würde kein Mensch auf die Idee kommen, dass in Wien schlecht gegessen würde. Ich meine damit gar nicht die Edel- und First-Class-Beisl, die sich in den letzten Jahren unbemerkt in die erste Liga der Wiener Gastronomie vorgepirscht haben, den bewundernswerten „Eisvogel" oder den „Stadtwirt" oder „Rudi's Beisl" oder „Weibels Wirtshaus" oder den „Eckel" oder den „Herzog" – sie alle sind dem Status des Autorenkochens, einer Küche, die die unverkennbare Handschrift ihrer Köche trägt, sehr nahe gekommen.

Aber damit ist die Sache nicht abgehandelt. Denn die Stärken Wiens liegen nicht nur in einer breit aufgestellten Spitzenwirtshauskultur, wo selbstverständlich ist, dass ein Schweinsbraten nur dann gut schmeckt, wenn er frisch aus dem Ofen kommt und nicht einen halben Tag später. Wo eine Kalbsstelze dunkel eingebraten wird, außen knusprig, innen zart ist. Wo das Schnitzel mit einer Panier daherkommt, die so wellig ist wie die Gehirnwindungen dessen, der über ein perfektes Schnitzel nachdenkt.

Die kulinarische Qualität Wiens definiert sich oft genug im anonymen Bereich. Wenn du zum Beispiel beim „Stadtwirt" keinen Platz kriegst, weil ganz Wien Mitte heute abend „Sarma" essen will – zu Recht. Die „Sarma" vom Stadtwirt sind in ihrer milden, aber doch entschlossenen Würze ein Meilenstein – dann kannst du die Untere Viaduktgasse weitergehen, und in der „Gruabn" ist ein Tisch im Schanigarten frei, und wenn du dann einen Teller Knödel mit Ei verzehrt hast, die so sind, wie Knödel mit Ei sein sollen, nämlich ein Potpourri samtiger und knuspriger Texturen, um es besonders gestelzt zu sagen, dazu ein Seidl Bier, kühl, herb, nicht zu viel Kohlensäure, dann ist dem nichts hinzuzufügen.

Das Wiener Beisl ist okay. Man kriegt etwas für sein Geld, und zwar für sehr wenig Geld. Man kann sich auch auf Experimente einlassen, wobei ich mich persönlich lieber bei ausgewiesenen Könnern auf Experimente einlasse. Aber die Standards, die einfachen, aber dann auch gar nicht soo einfachen Standards unserer serbisch-mediterranen-böhmisch-ungarischen Wiener Küche können bestehen. Man betet den Koch nicht gleich an, aber man wünscht ihn ganz sicher nicht zum Teufel. Man hat Zeit, an etwas anderes zu denken als an die Qualität der Speisekarte. Das Essen ist nicht das erste Thema, es drängt sich nicht in den Vordergrund.

Dafür: Selbstverständlichkeit. Oft auch: Atmosphäre. Es ist kein Zufall, wenn Leute nachmittags zum „Blauensteiner" gehen, ein Gulasch essen und Doderer lesen. Dafür sind Wirtshäuser da, vor allem solche, in denen der Doderer persönlich saß und die Bücher, die jetzt gelesen werden, schrieb.

Aber auch die alltäglichen Geschichten, die eine alte Wirtshausschank erzählt, sind es wert, dass man ihnen folgt. Manchmal hat der Wirt eine gute Hand und holt sich den Schankwein aus dem Weinviertel, wo sein Winzer draufgekommen ist, wie ein guter Grüner Veltliner ohne Starallüren zu schmecken hat. Dann trinkst du zwei Achteln, und wenn der Schankwein nicht danach ist, dann streckst du ihn halt mit Sodawasser und liest die Zeitung, die du dir mitgebracht hast. Brichst das Salzstangerl, das dir selbstverständlich auf den Tisch gestellt wird, und genießt, dass man dich auf angenehme Weise in Ruhe lässt, und wenn du zahlst und gehst, bist du guter Laune, hast deine Gedanken dort, wo du sie haben willst, und denkst dir nur: „Hier komm ich irgendwann wieder her."

GEMÜTLICHKEIT IST *Geschrei im Winkel*

Aufgewachsen im 15. Bezirk und ein echter Wiener: Philosoph und Essayist Franz Schuh traf sich mit Uschi Korda, um über das Wesen von Beisln zu plaudern. Und was davon übrig ist. FOTOS VON PHILIPP HORAK

Wann hatten Sie in Ihrer Jugend Ihr erstes Stammlokal?

Meine Jugend – ich bin 1947 geboren – fiel in eine Art Aufstiegszeit. Da gab es noch so alte abgewrackte Wirtshäuser, in denen ein seltsamer Geruch nach angehäuften Essensresten und dieser dumpfe Weingeruch herrschten. Allmählich haben sich solche Lokale von diesem Mief emanzipiert, haben aber noch genug davon bewahrt, um jene Art von Heimeligkeit beizubehalten – ohne Gestank geht das nicht –, die der Wiener benötigt. Es sind halb respektable Restaurants daraus geworden. Diesen Übergang habe ich noch erlebt.

Was hatten diese Lokale für eine Funktion?

Die wesentliche Funktion von Lokalen liegt auf der Hand, ist aber heute kaum mehr bekannt: Erstens, dass die Leute aus ihren ungeheizten Räumen raus müssen, weil sie es da nicht aushalten. Zweitens, dass die Leute Foren benötigen, um zusammenzutreffen. Und drittens, dass das Erlebnis des gemeinsamen Rausches und der gemeinsamen Sattheit im sozialen Leben unverzichtbar ist. Die Frage ist nur, wie kultiviert diese Notwendigkeiten existieren und gelebt werden.

Was war jetzt Ihr erstes Stammbeisl?

Ich bin ja ein Anwärter auf etwas anderes als auf ein Stammbeisl. Auf etwas, das sich in dieser Zeit auch durchzusetzen begann: das Espresso. Das war moderner. Während mein Vater sich noch im Beisl wichtig machte, dort Karten spielte, viel Zeit verbrachte und auch seine Berufskollegen Lokale hatten, wo sie die Alltagssorgen zum Schein, zumindest bis zum nächsten Tag, überwanden. Währenddessen also schossen überall Espressos hervor mit Musikbox, Rock 'n' Roll-Musik und die waren natürlich für einen Menschen meines Alters attraktiver. Ich traue es mich kaum zu sagen, mein erstes Stammlokal – wobei Stammlokal man sich ja nur dann leisten kann, wenn man es sich leisten kann – war das berühmte „Café Sport", wo ich als 14-Jähriger an den Wochenenden die Nächte verbracht habe. Das war in der Schönlaterngasse und es war eigentlich kein Café, sondern am ehesten das, was die Deutschen eine Kneipe nennen, obwohl es eine sehr wienerische Angelegenheit war. Ein Lokal, wo es die Lumpenboheme hingetrieben hat. Ich war regelmäßig dort, um mich an Ort und Stelle dezidiert nicht zu Hause zu fühlen. Ich war unter den Außenseitern der Außenseiter. Habe aber ein großes Interesse an diesen rauschartigen Zuständen gehabt, die man sich dort holen konnte. Eine Szenerie, die sich, ohne dass man Rauschgifte genossen hat, schnell in ein impressionistisches Bild aufgelöst hat. Ich erinnere mich an ein pseudorussisches Lied von Gilbert Becaud, das ununterbrochen in der Musikbox gelaufen ist. Und an eine sehr berühmte Serviererin, Frau Pauli. „Noch ein Bier, Pauli!", hat ein stadtbekannter Dichter zu rufen gepflegt. Es waren vor allem Leute im Stil der Beatniks dort. Dieses merkwürdige erste Stammlokal zeichnete sich besonders dadurch aus, dass es auf eine provinzielle Weise nicht provinziell war.

Was muss ein Lokal haben, dass es zum Stammlokal werden kann?

Das kann man nüchtern betrachten. Es darf nicht weit weg vom wichtigsten Ort sein, den ein Mensch hat: entweder vom Arbeitsplatz, wo er unbedingt hin muss, oder von der Wohnung, wo er die Nacht verbringen muss. Und: Der Gast muss dazugehören wie ein Möbel. Wichtig ist aber – Dazugehörigkeit gut und schön –, dass auch die Möglichkeit besteht, sich herauszuhalten. Dass man alleine dort sitzen kann, wenn es notwendig ist, und, wie man das in einer Familie nicht kann, dass man die Distanzen selbst bestimmt. Das klassische Gegenbeispiel war ein Stammlokal, das ich viele Jahre glücklich frequentiert habe, die Hermi in der Kumpfgasse. Eine wunderbare Sache, nur jeder wusste, die Hermi setzt sich immer dazu. Man wollte zum Beispiel eine Dame treffen, schon saß die Hermi am Tisch und hat einem schlüssig die Notwendigkeit von Frauen gegen Atomkraft erklärt. Da war man dann politisch korrekt, aber menschlich erfolglos und ist belehrt von dannen geschlichen.

Es hat etwas Deprimierendes, wenn irgendeine Angestellte erscheint und dir erklärt: Na, heit gibt's kan Tisch! Haben Sie bestellt?

Gut, die Hermi gibt es nicht mehr. Andere Kultlokale wie das „Alt Wien" oder das „Oswald & Kalb" gibt es aber noch …

Das sind 1.-Bezirk-Lokale! Wenn noch irgendwo Beisln sind, sind sie im 10. oder im 15. Bezirk. Beisln sind ein nostalgisches Thema. Wie bei vielen dieser Themen kann man sagen, das gibt es doch gar nicht mehr. Aber: Es gibt Lokale, die noch Züge von Beisln haben.

Gibt es einen Unterschied zwischen einem Gasthaus und einem Beisl?

Gasthäuser sind zum Beispiel einige dieser großflächigen Prater-Wirtshäuser, die in chronischer Abfolge – nicht umsonst spricht man von chronischem Leiden – Touristen in Massen verköstigen. Die haben mit einer anderen Vorstellung von Gasthaus zu tun: Karawanen ziehen durch die Wüsten und irgendwo muss man die Nahrung zu sich nehmen, damit man weiterziehen kann. Gasthäuser haben meistens Beislecken, wo irgendeiner im Schlafanzug sitzt und noch ein Bier trinkt, bevor er wieder heimgeht. Aber Gasthäuser sind in meiner Definition Lokale, die den Vorüberziehenden auf organisierte Weise den Hunger und den Durst löschen. Und vor allem nicht damit rechnen, dass dieselben Leute noch einmal wiederkommen. Wohingegen ein Beisl darin besteht, dass die Leute einander kennen und dass sie wiederkommen.

Wir sitzen im Gasthaus „Stopfer". Ist das in unserer Definition ein Beisl?

Das ist das klassische Lokal, das ein Beisl war. Ich kenne dieses Lokal noch aus dem Jahre 1973, da war ich zum ersten Mal hier. Da bestand es nur aus einer kleinen Fläche vorne bei der Schank. Ein kleiner Schlauch mit Toilette. Bis Ende der 70er Jahre hat sich das so fantastisch entwickelt und ist jetzt ein wunderbares Restaurant auf dem Fundament, ehemals ein Beisl gewesen zu sein. Ganz wesentlich für dieses Beisl war ein Kellner, der über viele Jahre hier gearbeitet hat. Er hieß Fritz und war ein Mann von unglaublicher Schnelligkeit. Zu sagen, der Mann war mir ein Freund, wäre eine Selbstüberschätzung. Aber ein unbekannter Passant war er für mich auch nicht.

Ist das ein Familienbetrieb?

Ja.

Davon gibt's aber schon noch einige. Den „Meixner" im 10. oder den „Grünauer" im 7. zum Beispiel.

Wenn wir vom „Grünauer" sprechen: Eines darf ein Beisl nicht haben: die Notwendigkeit, dass man einen Tisch bestellt. Nichts gegen „Grünauer", ein wunderbares Lokal. Aber eine der wesentlichsten Voraussetzungen für ein Beisl ist, dass man nicht reservieren muss. Es hat etwas Deprimierendes, wenn irgendeine Angestellte erscheint und dir erklärt: Na, heit gibt's kan Tisch! Haben Sie bestellt?

Was ist dann also ein gutes Beisl?

Was mich an dieser Frage sehr interessiert, ist ein Vorgang, der der Grundvorgang der sogenannten Kultur ist. Es gibt Rohfassungen von Konstellationen und Lebenszusammenhängen, die von einer Notwendigkeit diktiert sind. Die Notwendigkeit zu essen und zu trinken. Ich habe den Dichter Ernst Jandl einmal gefragt: „Sag mal, gibst du deine Essensrechnungen der Steuer an?" Er hat in seiner unverwechselbaren Art mir zugleich Auskunft gegeben und mich zurechtgewiesen: „Na klar, ich bin doch keine Küche!" Damit wollte er sagen, er muss wohin essen gehen, und da er das muss, wird es zu einem Teil dessen, was die Steuer zur Kenntnis zu nehmen hat: Jandl ist keine Küche! Es gibt also Rohfassungen, simple Notwendigkeiten, aber die werden mit der Zeit kultiviert. Die Kultivierungen dürfen sich nicht zu weit von der Rohfassung entfernen, sonst kriegen sie auf dem Gebiet der Gastronomie schnell etwas Schnöselhaftes. Ich bin der Erfinder des Terminus „pseudogutes Restaurant". Das ist eines, wo nichts gut ist, aber alles so ausschaut, als ob es gut wäre. Die funktionieren großartig. Die Leute fressen da den größten Mist, der ganz weit weg ist von Einfachheiten wie „Beuschl mit Knödel" oder „geröstete Leber". Ein Restaurant wie „Schreiners" in der Westbahnstraße ist dagegen die höchste Kultivierung, die man sich an Wiener Beisln gastronomisch vorstellen kann. Im Wort „Gastronomie" steckt, glaube ich und hoffe ich, „Nomos" drin, das Gesetz. Bei „Schreiners" hält man sich an das Beislgesetz der von der Notwendigkeit diktierten Einfachheit, kocht aber trotzdem auf einem unglaublichen Niveau für Feinspitze. Eine gefährliche Geschichte. Wenn die Feinspitzerei zu arg wird, geht die Reminiszenz ans Einfache verloren.

Was machen Sie, wenn Sie hier keinen Platz bekommen? Gehen Sie wieder?

Zunächst einmal nehme ich das Bedauern der hier leitenden Leute entgegen, auch den Vorschlag zu warten oder später zu kommen. Man bringt mich jedoch fast immer unter, ich bin aber auch niemand, der darauf pocht. Das Bedauern derer, die für mich keinen Platz haben, geht nicht tief, ist aber für den Alltagsgebrauch echt. Wohingegen dort, wo man nicht dazugehört, sich der Triumph deutlich ausdrückt: Wir brauchen den Trottel nicht, wir haben eh genug drinnen

sitzen. Im Stammlokal sind sie zu einem freundlich, auch wenn sie nichts von einem haben werden. Die anderen sind unfreundlich, weil sie demonstrativ zeigen können, dass sie nichts von einem brauchen. Das ist übrigens die Tourismus-Krankheit. Das habe ich in Kärnten oft beobachtet, wo sie dir Mitte Juni, wenn noch keiner da ist, ihre Häuser nachtragen. Ende Juni aber nehmen sie dich kaum wahr, selbst wenn du verzweifelt vor ihrer Türe stehst und bittest. Professionelle Freundlichkeit gehört zu den schwierigsten Dingen, zu denen sich Menschen verdonnern.

Sind ein guter Kellner oder ein guter Wirt wichtiger als gutes Essen und Trinken?

Es ist nicht so einfach zu sagen, was ein guter Wirt und ein guter Kellner ist. Das ist ein Spiel, das man auch so spielen kann: Ich bin zwar das größte Arschloch zu den Leuten, aber so gut wie ich, ist keiner. Das ist eines dieser Spiele, die durchaus aufgeführt werden. Nicht unriskant. Ich war viele Jahre Stammgast im „Kornat". Da war ein Kellner, der auf eine aggressive Art depressiv war. Er hat deutlich gezeigt, dass ihm sein Beruf keine Freude macht. Es hat Jahre gedauert und Unsummen von Trinkgeld gekostet, bis er so bestochen war, dass es ihm gelang, mich und meine Begleitung wenigstens als Menschen zweiter Klasse zu behandeln. Es war wurscht, weil wir trotzdem hingingen und gesagt haben, das stört uns gar nicht. Wenn ein Kellner virtuos grantig ist, kann man sich an der Virtuosität erfreuen. Es ist ganz wichtig bei diesen professionellen Zusammenhängen, dass man den Leuten nicht zu nahe kommt – also eine Verbrüderung mit den Kellnern, die dann sogar gezwungen sind, dich persönlich zur Kenntnis zu nehmen, ist für beide Seiten problematisch. Andererseits stört eine kalte, unfreundliche Distanzierung zwischen Kellner und Gast den Betrieb erst recht. Das ist einer der Gründe, warum Beisln und Wirtshäuser soziologisch interessant sind. Ein Soziologe hat das einmal mit dem Buchtitel *The Presentation of Self in Everyday Life* benannt. Im Alltag gibt's bestimmte Dramaturgien, bestimmte Grenzen, die sich eingespielt haben. Und Stammlokale – was in ihnen vorgeht und wie es in ihnen zugeht – sind dramaturgische Zentren für alltägliche Selbstdarstellung.

Suchen sich Menschen aus denselben sozialen Schichten dieselben Stammlokale aus?

Das ist die Unterscheidung zwischen dem Beisl und den Restaurants anderer Art. Letztere sind schichtenmäßig punziert. Ins „fabios" geht kaum einer rein, der nicht mindestens diesen früheren Finanzminister, für den die Unschuldsvermutung gilt, kennt. Und wenn du ins „Indochine" gehst, bestätigst du dir selbst und denen, die dich beobachten, dass du dazugehörst. Die Idee des Beisls ist die gegenteilige. Dort sitzen alle. Der Rechtsanwalt mit der Riesen-Marie, der Schlosser, der grad zufällig vorbeikommt oder im Haus wohnt. In früherer Fassung haben die auch Kontakte miteinander gehabt. Aber was eine Gesellschaft, die immer reicher wurde, auszeichnet, ist, dass die Reichen von den anderen abgegrenzt existieren wollen. Dieses Abgrenzungsbedürfnis ist auch wohl ein Grund, warum Beisln nicht mehr der zentrale Fokus des gastronomisch bedürftigen Menschen sind.

Haben Sie noch andere Stammbeisln?

Ich bin ja einer der Leute, die aus dem „Café Salzgries" ausquartiert wurden. Das „Salzgries" hat sich selbst vernichtet.

Sind Sie nie wieder hingegangen?

In das französische Restaurant bin ich schon gegangen. Aber Orte kann man so verwandeln, dass sie sich nicht mehr vergleichen lassen. „Le Salzgries" hat mit dem Café nichts mehr zu tun und ist auf seine Art in Ordnung.

Ist man da nicht ein bissel sentimental?

Nein. Das gehört dazu, dass man die Orte des Bleibens verliert. Das ist etwas, woran man sich in einem Lebenslauf – Betonung auf Lauf – relativ schnell gewöhnt.

Haben Sie außer der „Hermi" und dem „Salzgrieß" noch Stammlokale verloren?

Das Gasthaus „Haberl" aus meiner Jugend. Es war im 15. Bezirk, der Inhaber hieß, glaub ich, Haberl. Das ist ein schöner, fast ein Nestroy'scher Name, wenn man ihn richtig definiert. Es ist ein „Aber" mit H, aber kein großes „Aber", sondern ein kleines mit L dran. Ein „Aberl", und das H davor ist nicht schlecht als Seufzer ausgesprochen.

Wo kehren Sie heute gerne ein?

Ich gehe sehr häufig zu „Schreiners". Und, gegen alle menschlichen Überzeugungen, zu „Wein & Co". Das ist praktisch. Wenn man dort Millionen ausgibt – es kostet ja dort alles eine Million – dann hat man die Möglichkeit, einen gewissen Prozentsatz der ausgegebenen Millionen über einen Gutschein wieder hereinzubringen. Mit dem Schein kann man sich in der Vinothek eine Flasche des überteuerten Weines besorgen. Ein wunderbares Konzept. Es ist eines dieser Konzepte, die selbstverständlich das Beisl abgelöst haben. Außerdem gehe ich zu ein paar Italienern. Aber die alte Zugehörigkeit empfinde ich nirgendwo mehr.

Kann man Beisl-Geher in verschiedene Typen teilen?

Es gibt Beisl-Geher, die man woanders gar nicht reinlassen würde. Die müssen ins Beisl gehen, weil sie woanders gar nicht akzeptiert werden. Canetti hat oft von den akustischen Masken in Wien erzählt. Über die Stimmen der Leute, und dann, wenn der Alkohol die Zungen löst ... Diese Stimmen des Wienerischen sind etwas Außerordentliches. In meinen Ohren – in Deutschland bin ich ein Exote – bellen die meisten Deutschen. Aber die Wiener haben etwas Gebrochenes, einerseits etwas Melodiöses, in das sich andererseits harte Töne einschleichen. So gibt es den Beisl-Geher, der die Möglichkeit nutzt, den Leuten beim Reden zuzuhören. Das Stammtisch-Beobachten, bei dem jeder, der einen Stammtisch beobachtet, glaubt, gleich die Oberhoheit zu haben, weil er beobachtet und nicht durchs Mitreden selbst relativiert wird. Natürlich auch der einzelne Mann, der Ausschau hält nach Gesellschaft, vorzugsweise nach weiblicher. Manchmal die einzelne Frau, die Ausschau hält.

Es gibt Beisl-Geher, die man woanders gar nicht reinlassen würde. Die müssen ins Beisl gehen, weil sie woanders gar nicht akzeptiert werden.

FRANZ SCHUH, 1947 in Wien geboren, ist Schriftsteller und Essayist

USCHI KORDA ist Redakteurin bei *Red Bulletin*.

Also ein Kommunikationszentrum?

Aber eher ein Zentrum der scheiternden Kommunikation, falls man die Kommunikation nicht selbst mitbringt. In diesem Punkt sind die Wiener Beisln anders als die Berliner Kneipen. In den Kneipen ist es wahrscheinlicher, dass man einander auf die Pelle rückt. In Österreich glaube ich, dass man, wenn man einem Menschen die Bedürftigkeit ansieht, von ihm abrückt. Wenn man, so meine These, in der Berliner Kneipe die Bedürftigkeit eines anderen erkennt, entdeckt man sie in sich selbst auch und rückt zusammen.

Gibt es Beispiele in der Literatur, wo Ihrer Meinung nach das Beisl gut beschrieben wurde?

In Canettis *Blendung*. Da kommt ein Lokal vor, wie es heute nicht mehr existiert. Wo es dunkel ist, wo Dunkelmänner und Dunkelfrauen sind. Huren, Verbrecher – die Unterwelt, von der es schön ist, in Darstellungen zu erfahren, die aber beinhart ist, wo sie real existiert. Wo hin und wieder einer zur Waffe greift und ein anderer das Ziel ist. Das ist ein Gegenbild zu dem, was das Beisl angeblich auszeichnen soll: die Gemütlichkeit.

Was Gemütlichkeit ist, lässt sich schwer allgemein definieren …

Ich verwende dafür eine Definition von Karl Heinz Bohrer, dem Philosophen und Literaturwissenschaftler. Er sagt, Gemütlichkeit ist Geschrei im Winkel. Da hat er das Beisl eigentlich sehr gut getroffen.

ZU DEN 3 HACKEN

Die *perfekte Illusion* der Tradition

Niemand kann sich erinnern, dass es die „3 Hacken" einmal nicht gegeben hätte. Kein Wunder, es gibt sie nämlich schon ewig. Dass das Lokal eine gut geölte, hochprofessionelle Atmosphäre-Maschine ist, fällt kaum auf. Man ist sich der Verantwortung bewusst. Und deshalb schaut das Gasthaus „Zu den 3 Hacken" auch immer noch zumindest so ähnlich aus wie auf den alten Stichen, darum wird hier eine ziemlich unmissverständliche Wiener Küche mit Tendenz zur Gutbürgerlichkeit gekocht, darum wird möglichst alles vermieden, was das Bild der „Wiener Gemütlichkeit" und des urigen Beisls auch nur irgendwie irritieren könnte.

Josefine Zawadil übernahm das legendäre, schon von Schubert und seiner Runde gern besuchte und von Nestroy beschriebene Gasthaus vor acht Jahren. Renoviert wurde immer nur im unmerklichen Bereich oder mit homöopathischem Bewusstsein, dafür wurde das Küchenniveau kontinuierlich angehoben und vor allem das Thema Wein intensiv gespielt. Und es kamen fortan nicht nur die Touristen auf ihren „Real-Vienna"-Touren, um ein Schnitzel zu essen, sondern immer mehr auch die durchaus gourmet-affine Wiener Szene – eine Mischung, die es sonst in dieser Stadt eher selten gibt.

Eine strategisch äußerst gute Entscheidung von Josefine Zawadil war es sicher, sämtliche Innovationen, Spezialisierungen und Experimente von den „3 Hacken" fernzuhalten und diese stattdessen im 2008 nur drei Häuser weiter eröffneten „3 Hacken Magazin" auszuleben: große Vinothek, schnelle Küche, Shop-Konzept, Nichtraucherbereich und live geschnittener Beinschinken etwa. In den engen Gewölben und geduckten Stuben der „3 Hacken" selbst bleibt dafür alles, wie es war. Oder zumindest so, wie man es sich gerne vorstellt, dass es immer gewesen sein hätte können. Eine Rindsroulade von klassischer Großmutter-Qualität hilft dabei, Spargel-Rohschinken-Salat oder delikates Riesling-beuscherl vom edlen Rind haben Schubert und seine Runde hier wahrscheinlich nicht so gut gegessen. Aber das stört uns nicht. FH

ZU DEN 3 HACKEN, Singerstraße 28, 1010 Wien, Tel.: 01/512 58 95, Mo.–Sa. 11–24 Uhr, www.vinum-wien.at

Fotos: Peter M. Mayr

1

INNERE STADT

Zu den 3 Hacken
Unmissverständliche Wiener Küche wie eh und je

Pfudl
Wiederauferstandene Wirtshaustradition im Herzen der Stadt

Reinthaler
Das Beislmonument spielt alle Stücke der klassischen Wiener Küche

Gustl Bauer
Rustikales Wintergarten- und Bürgermeisterbeisl

1

PFUDL

Tradition, *neu belebt*

Auch schon seine hundert Jahre hat der „Pfudl" auf dem Buckel. Die Gründer, deren Namen das Gasthaus heute noch trägt, waren ursprünglich Winzer und füllten ihren Wein im Keller des Lokals aus Fässern selbst ab, um ihn auch „über die Gasse" zu verkaufen. Nicht zuletzt aufgrund der privilegierten Lage im Herzen des Herzens der Stadt reüssierte der Betrieb rasch.

Etwas jüngere Nostalgiker erinnern sich noch an das „Match", das sich der „Pfudl" mit dem gleich um die Ecke an der Wollzeile angesiedelten „Gösser Bierhaus Koranda" um die größere Beliebtheit beim Publikum der Umgebung lieferte. Es war nicht zuletzt ein Wettbewerb zwischen einem Wein- und einem Bierlokal und tat insofern allen Betroffenen gut, als Brauerei und Winzer ihre Umsätze stärkten und die kulinarische Qualität in beiden Häusern sehr hoch war; beide waren ständig bis auf den letzten Platz belegt.

Heute steht an Stelle des alten „Koranda" der „Plachutta", und der „Pfudl" ist nach einem qualitativen Durchhänger um die Jahrtausendwende wieder voll auf der Höhe. Die heutige Eigentümerin entdeckte nach einer Karriere in der Kosmetikbranche erst spät ihre Liebe zur Gastronomie und übernahm den „Pfudl" 2008 ohne dabei die Linie des Hauses modisch umzustellen. Die Gästeschar hat sich wenig verändert, hier isst das gutbürgerliche Publikum aus der Umgebung. Und das entsprechend konservativ. Hausklassiker wie Kalbsbutterschnitzel mit Erdäpfelpüree, Zwiebelrostbraten mit Braterdäpfeln und Salzgurke, Tafelspitz mit klassischen Beilagen oder Backhenderl bestreiten den Großteil der Küchenumsätze. Sie werden in hoher Qualität gekocht, die Preise sind zwar nicht auf Beislniveau, aber für den ersten Bezirk zivilisiert. Gezapft wird das seltene Hubertus Bräu, das Weinangebot ist österreichisch und hochwertig. AO

Fotos: Peter M. Mayr

□ GASTHAUS PFUDL, Bäckerstraße 22, 1010 Wien, Tel.: 01/512 67 05, täglich 10–24 Uhr (Küche 11.30–23 Uhr), www.gasthauspfudl.at

REINTHALER

Beisl-Monument

Ein Beisl-Monument: Der Reinthaler existiert an diesem Platz seit den 30er Jahren des vorigen Jahrhunderts, und er hat sich seither, soweit wir das beurteilen können, nur wenig verändert. Die ursprüngliche Einrichtung des Souterrain-Etablissements wurde zwar in den 60ern, wie üblich, einer leichten Resopal-Kosmetik unterzogen, aber die wirkt ja heutzutage auch schon fast antik. Eine alte Schank, eine ebenso betagte, aber völlig intakte Lamperie aus, in diesem Fall, hellem Holz (die optischen Unterschiede zwischen den alten Wiener Gasthäusern beruhen ja zu einem großen Teil auf den Farbtönen der jeweiligen Holzvertäfelung, die Einrichtungselemente sind weitgehend standardisiert) und nicht zuletzt der Raumteiler im vorderen Lokalteil signalisieren Originalität. Letzterer trägt im oberen Teil aus geätztem Glas stolz die Jahreszahl 1936.

Der „Reinthaler" ist eines der letzten wirklichen Beisln des 1. Bezirks. An dieser Adresse in unmittelbarer Nähe von Staatsoper und Albertina wäre die Miete für ein neues Lokal dieser respektablen Größe vermutlich auch unerschwinglich, Altmieter bzw. -pächter genießen noch einen gewissen Vorteil. In der warmen Jahreszeit stellt man einen kleinen Schanigarten vor das Haus, der lagegemäß auch von zahlreichen Touristen frequentiert wird. Ansonsten bildet das Publikum einen repräsentativen Querschnitt durch alle Wiener Schichten, vom Maurer bis zum Philharmoniker. Es ernährt sich hier mehr als solide: Die Karte ist nicht zu groß, die Portionen sind es für starke Esser auch nicht, und die paradigmatischen Grammelknödel mit Sauerkraut krachen dem Esser mit einer gewissen Urgewalt in den Magen. Die Tageskarte präsentiert alle Standards der Wiener Küche, von der Leberknödelsuppe bis zum Bauernschmaus; man sollte nach einem Mittagsmenü hier eigentlich ein wenig ruhen, vor allem, wenn man es mit dem Gösser-Hausbier runtergespült hat. Die Stammgäste sind aber offenbar geeicht und arbeiten gestärkt weiter. AO

□ REINTHALER, Gluckgasse 5, 1010 Wien
Tel.: 01/512 33 66, Mo.–Fr. 9–23 Uhr

1

GUSTL BAUER

Die Verdreifachung

Die Innenstadt-Institution erlebte bessere und schlechtere Zeiten. Und immer die besondere Aufmerksamkeit diverser Stadtoberhäupter – eine Zuneigung, die in beide Richtungen verläuft. Wie das kleine Lokal in der Drahtgasse – nicht ganz Gasse, aber auch noch nicht Platz, irgendwas dazwischen – ursprünglich einmal ausgesehen hat, ist heute schwer nachvollziehbar. Anfang der 80er Jahre vergrößerte sich das bis dahin eher winzige Beisl dank eines Wintergartens auf die dreifache Größe. Was der früheren „Zöbinger Weinstube" zwar ein bisschen die Anmutung einer Skihütte verpasste, auf ihr uriges Innenleben aber zum Glück wenig Einfluss hatte. Dieses stammt aus dem Jahr 1937, wie deutlich in das dunkle Holz, das die eher rustikale Gestaltung dieses Lokals prägt, geschnitzt und mit rotem Lack nachgezogen wurde. Ein anderes Synonym, nämlich „Fiakerbeisl", erklärt, wie der „Gustl Bauer" mit so wenigen Sitzplätzen so lange überleben konnte – Fiaker trinken gerne im Stehen. Neben den Personenkutschern kehrte in den vergangenen 40 Jahren auch eine andere Berufsgruppe regelmäßig hier ein: Wiener Bürgermeister. Helmut Zilk besaß hier schon 1967 einen Stammtisch. Und auch von Michael Häupl ist fotografisch belegt, dass er seit seiner sehr frühen Jugend mehr oder weniger regelmäßig hier auf eine Erfrischung einkehrte.

Nachdem Gustl Bauer II. 1997 in Pension gegangen war, driftete das Wintergarten-Beisl ein bisschen in die kulinarische Bedeutungslosigkeit, aus der sie 2006 der Pulkautaler Winzersohn und langjährige Mann in Hans Weibels „Vis-a-vis" Kurt Weber ins Gasthaus-Leben zurückholte. Die Karte wurde wieder auf Wiener Klassik getrimmt, anfangs kompromisslos, mittlerweile auf gutbürgerlichem Niveau. Schnitzel, Backhendl und Tafelspitz prägen das Programm, einige Innereien-Gerichte wie Salonbeuscherl, gebackenes Bries oder Lungenstrudel-Suppe sind immer zu bekommen, das Sortiment an feinen Weinen ist – bei der gastronomischen Vergangenheit des Betreibers nachvollziehbar – überdurchschnittlich. FH

□ GUSTL BAUER, Drahtgasse 2, 1010 Wien, Tel.: 01/533 58 89, Mo.–Sa. 11–23 Uhr, www.gustl-bauer.at.tc

Fotos: Peter M. Mayr

NOCH MEHR WIENER KÜCHE

Von der Ministeriumskantine bis zum Gasthaus im Museum Angewandter Kunst – empfehlenswerte Gasthäuser und Beisln in der Inneren Stadt.

Fadinger

Wipplingerstraße 29, 1010 Wien
Tel.: 01/533 43 41, Küche: Mo.–Fr. 11.30–15, 17.30–22 Uhr (September bis Juni auch Sa. 17.30–22 Uhr)
www.fadinger.at

Das gemütliche und elegante Gasthaus von Josef Fadinger ist seit mehr als einem Jahrzehnt ein Hort einer unprätentiösen, durch und durch edlen Küche mit vielen perfekt gemachten Wirtshausklassikern.

Kanzleramt & Kabinett

Schauflergasse 6, 1010 Wien
Tel.: 01/533 13 09
Küche: Mo.–Sa. 11.30–23 Uhr
www.restaurant-kanzleramt.at

Klassische Wiener Küche in gemütlichem, gutbürgerlichem Ambiente. Bewährt in der Zubereitung und im Service.

Huth

Schellinggasse 5, 1010 Wien
Tel.: 01/513 56 44, Küche: 11.30–23 Uhr, www.zum-huth.at

Beisl oder Restaurant, hier finden sich beide Gastronomie-Typen für jeden Gusto und jede Brieftasche. Versiert gemachte Küchenklassiker, gutes Getränkeangebot.

Stopfer

Rudolfsplatz 4, 1010 Wien
Tel.: 01/533 64 62
www.gastwirtschaft-stopfer.at
Küche: 11–16, 17–21 Uhr

Ein Wiener Traditionsbetrieb, bei dem Region und Saison auf die Wochenkarte einwirken. Gemütlich-gepflegtes Retro-Ambiente für Herrengulyas, gebackene Leber und Kaiserschmarren.

Minoritenstüberl

Minoritenplatz 5, 1010 Wien,
Tel.: 01/533 52 81
Küche: Mo.–Fr. 11.30–13.30 Uhr

Andreas Wojta kennen viele aus der ORF-Kochshow *Andi und Alex*. Wer Andi ohne Alex beim Kochen erleben will, ist hier, in der Selbstbedienungs-Kantine des Unterrichtsministeriums, richtig. Wiener Küche im Idealzustand, perfekt in Zubereitung wie Preisgestaltung.

Ofenloch

Kurrentgasse 8, 1010 Wien,
Tel.: 01/533 88 44
Küche: Mo.–Sa. 11–22.45 Uhr
www.restaurant-ofenloch.at

Rustikales, mit viel Alt-Wiener Flair eingerichtetes Edelbeisl mit wechselvoller Geschichte. In den holzgetäfelten Stuben wird seit einiger Zeit nun durchaus zuverlässige Beislkost serviert. Außergewöhnlich die ambitionierte Wein- und Bierauswahl.

Beim Czaak

Postgasse 15 (Ecke Fleischmarkt), 1010 Wien
Tel.: 01/513 72 15
www.czaak.com
Küche: Mo.–Sa. 11–24 Uhr (Fei geschlossen)

Seit 1928 speist man hier schon, und zu der Alt-Wiener Gaststätte gehören Küchenklassiker mit böhmischen Ursprüngen genauso wie die Postler, die schon in der Früh ein Vierterl „Kellerschande" – so der billigste Schankwein – vor sich stehen haben. Wirtshaus-Nostalgie, wie es sie in der Innenstadt ziemlich selten gibt.

Oswald & Kalb

Bäckerstraße 14, 1010 Wien
Tel.: 01/512 13 71
Küche: 16–23.30 Uhr

Altes Gewölbe, dunkles Holz, Thonet-Stühle und weiß gedeckte Tische – die perfekte Beislidylle, wie sie von Touristen, Intellektuellen und Künstlernaturen seit langen Jahren geliebt wird. Wiener Küche, gute Weinauswahl und eine große Bar für nächtliche Gesprächskultur.

Plachutta

Wollzeile 38, 1010 Wien
Tel.: 01/512 15 77
Küche: 11.30–23.15 Uhr
www.plachutta.at

Die Cityzweigstelle des Plachutta-Imperiums zählt wohl zu den bestbesuchten Gaststätten der Stadt. Das hat mehrere Gründe. Kein touristischer Wienbesuch ist vollständig ohne Tafelspitz beim „Plachutta". Trotzdem gehen auch Wiener gerne hier essen. Was kein Wunder ist, da die Rindfleischspezialitäten einfach top sind.

Österreicher im MAK

Stubenring 5, 1010 Wien
Tel.: 01/714 01 21
Küche: 11.30–23.30 Uhr
www.oesterreicherimmak.at

Die Neuinterpretation eines Wiener Gasthauses in den historischen Räumen des MAK – in diesem Spannungsfeld von Tradition und Moderne positioniert Helmut Österreicher die von ihm entwickelte neue Wiener Küche mit ihrer klassischen Seite und einer modernen Linie.

Österreicher im MAK

Weibels Wirtshaus

Kumpfgasse 2, 1010 Wien
Tel.: 01/512 39 86
Küche: 11.30–23.30 Uhr
www.weibel.at

Das wunderbar gemütliche Wirtshaus, mit viel Holz und Nischen gestaltet, bietet mit großer Beständigkeit österreichische Küche auf hohem Niveau wie etwa ein zartes Beuschel oder herrlichen Tafelspitz. In Kombination mit gut gewählten Weinen aus der überaus umfangreichen Weinkarte ein kleines Fest.

Immervoll

Weihburggasse 17, 1010 Wien
Tel.: 01/513 52 88
Küche: 12–22.45 Uhr

Sympathisches, modernes Beisl, das im Sommer mit seinem schönen Schanigarten auf dem Franziskanerplatz zusätzlich punktet. Die Küche versteht sich auf delikat verfeinerte Beislgerichte. Unbedingt reservieren: Der Name ist gelebtes Programm.

Foto: PR

BRÜCKENBEISL

Eine Brücke *in die Vergangenheit*

Der Mexikoplatz hat auch seine anderen Seiten. Etwa die eines prächtigen Kirchenplatzes mit einem wunderschönen Donauschiffer-Beisl. Der Mexikoplatz war nicht immer das Zentrum obskurer Einzelhandelstätigkeiten, wie er es zumindest in den vergangenen Jahrzehnten war – und dank Verlagerung derartiger Geschäfte in den Online-Bereich jetzt eh schon wieder viel weniger ist. Dass der Mexikoplatz einmal durchaus Renommee besaß, sieht man noch an den prächtigen Alleen und Parks, die zum Flanieren einladen, und natürlich am letzten noch bestehenden Wirtshaus dieses Grätzels, dem „Brückenbeisl".

Jeder sei bei ihr gewesen, erzählt Inge Trappmaier und beginnt, die Namen aufzuzählen. Das „Brückenbeisl" war in jenen Jahren, als es Szenelokale nach heutiger Vorstellung nicht oder kaum gab, ein beliebter Tummelplatz für Prominenz aus so ziemlich allen Geschäftsbereichen, und Inge Trappmaiers deftige Hausmannskost mit Ausflügen in die feinere Gutbürgerlichkeit genoss einen Ruf, der weit über die Bezirksgrenzen hinausreichte.

Heute wirkt das Wirtshaus in seinem charmanten bis skurrilen Stilmix aus so ziemlich allen Jahrzehnten des vorigen Jahrhunderts ein wenig vergessen. Der Mexikoplatz selbst ist ruhig, der Verkehr tost hundert Meter entfernt über die Rampe der Reichsbrücke. Geöffnet ist nur noch mittags und Frau Trappmaier würde eigentlich auch gerne schön langsam in Pension gehen. Ein Nachfolgemodell war lange Zeit im Gespräch, die Übernahme durch den prominenten Koch scheiterte aber an den Kosten einer Umgestaltung und Adaptierung.

Das heißt, im Brückenbeisl Inge Trappmaiers zu Recht legendäres Gulasch probieren zu können (es steht nicht immer zur Verfügung, sondern wird nur dann serviert, wenn Konsistenz und Aroma der Prüfung durch Frau Trappmaier standhalten) und dabei auf das große Wandgemälde mit der alten Reichsbrücke und der pittoresken Franz von Assisi-Kirche zu blicken, ist wahrscheinlich eine Frage der Zeit. Aber das hat es schon so oft von so wunderbaren Wirtshäusern und Beisln geheißen …

FH

Fotos: Michael Reidinger

BRÜCKENBEISL
Mexikoplatz 20, 1020 Wien
Tel.: 01/726 47 08, Mo.–Fr. 9–16 Uhr

2

LEOPOLDSTADT

Brückenbeisl
Wunderbares Wirtshaus mit Ablaufdatum

Am Nordpol 3
Bunt und böhmisch

Hansy
Strahlender Wirtshausstern am Praterstern

AM NORDPOL 3

Die Farben des Nordens

□ AM NORDPOL 3, Nordwestbahnstraße 17, 1020 Wien
Tel.: 01/333 58 54, Mo.–Sa. 17–24, So. 12–24 Uhr, www.amnordpol3.at

Ist die böhmische Küche integrativer Bestandteil der Wiener Küche? Ist ein Beisl auch dann ein Beisl, wenn davon kaum noch etwas zu sehen und auch gar keine melancholische Schwermut zu spüren ist? Ja und ja. Die „3 Buchteln" waren Kult. Es handelte sich dabei um ein winziges Lokal bar jeglichen urbanen Schicks, mit eher unfreiwillig offener Küche, zufälliger Belüftung, indiskutablen Sanitäranlagen, alles in unterschiedlichen Gelbtönen gehalten, was im Schleifmühl-Viertel auch Ende der 80er Jahre überhaupt nicht cool war. Dort kochte Vratislav Křivák eine böhmische Küche, wie es sie in Wien seit *Tante Jolesch* nicht gegeben hatte – unendlich herzhaft, schwer, fett und herzlich.

Die „gelben Buchteln" sperrten irgendwann zu, Křivák übersiedelte in eine ehemalige Pizzeria ein paar Gassen weiter (wo die aktuellen „3 Buchteln" immer noch sind), kochte dort dasselbe Programm in bürgerlicherem Umfeld, zog dann aber weiter und besiedelte 2002 schließlich ein großes, heruntergekommenes, braunes und geschlossenes Wirtshaus am nördlichen Rand des Augartens und damit am Rande der Zivilisation. Schwere Dielenböden, Lamperie, auf die fahles Licht über Jahrzehnte den Schatten trinkender Männer geworfen hatte, eine Schank, deren Schieflage nur durch Esoterik, Erdstrahlen oder dunkle Materie erklärt werden konnte, und eine Sitzbank, die zum „Lehrlingsbett" ausgeklappt werden konnte. Ein düsteres Wirtshaus-Museum. Křivák fing gleich wieder mit seinem Programm an, seiner unvergleichlichen Kuttelsuppe, den fetten Schwarzbrot-Toasts mit Paprikatatar und/oder Markscheiben, Brimsen-Halušky, Rahmgulasch und dem wahrscheinlich besten faschierten Braten der Stadt, wenn nicht der Welt. Und er machte das „Nordpol 3" bunt, sehr bunt, hängte seine Bilder, die hauptsächlich üppige Frauen mit phänomenaler Körperbehaarung zeigen, an die Wände, applizierte Blumen, Zimmerpflanzen, sorgte für farbige Arrangements aller Art, keineswegs authentisch und auch nicht immer schön. Und die Leute kamen in Scharen. Studenten, Szenemenschen, Prater-Strizzis, sicher auch ein paar der einstigen Gäste. Das „Nordpol 3" hat ein heterogenes Publikum wie sonst kaum ein Lokal. Und dass das Bier ausgeht, also zumindest das böhmische Ježek, passiert auch nur hier.

FH

HANSY

Der Wirt mit den Kacheln

Ein Gasthaus an einem der am stärksten befahrenen Orte Wiens, das nicht zuletzt dank unverwechselbarer Hülle über die Jahrzehnte hinweg sein treues Publikum hat. Das „Hansy" kennt jeder. Vielleicht weiß nicht jeder, dass dieses Gasthaus am Praterstern „Hansy" heißt, aber dass es das Gasthaus mit der türkisen und blauen Außenverfliesung ist, das weiß man. Weil das macht das „Hansy" gleich einmal einzigartig. Wobei, so ganz einzigartig auch nicht, denn in der innerstädtischen Elisabethstraße gibt es ja auch noch das „Smutny", das ganz offenbar irgendwann einmal dem gleichen Besitzer gehörte (wie an einem Hinweis an der Wand des „Hansy" auch heute noch zu lesen ist) und auch vom gleichen Fassaden-Gestalter betreut wurde. Aber das „Smutny" steht jetzt schon seit einigen Jahren leer und verfällt, wohingegen es das „Hansy" noch immer gibt.

Wolfgang Lehmann, Kind einer alteingesessenen Wiener Marktstandler-Familie, der auf Kreuzfahrtschiffen kochte und, zurück in Wien, das in den 80er Jahren legendäre „Pfiff um die Ecke" bekochte, erwarb das schon am Rande seiner Existenzfähigkeit befindliche Fliesengasthaus vor zwölf Jahren. Am Design des zwischenzeitlich vielleicht etwas drastisch renovierten Gasthauses wurde nichts geändert, am hellen Holz, der gelben Wandfarbe und den Fototapeten vom alten Wien. Der Speisekarte ließ Lehmann dafür aber umso mehr Sensibilität angedeihen: Wiener Klassiker auf gutem Niveau, vor allem aber saisonale Spezialitäten, soweit sie die Wiener Küche – und die ist da ja nicht unbedingt die flexibelste – in irgendeiner Art und Weise zulässt. Also gibt es im November ein schier unglaubliches Spektrum an verarbeiteten Gänsen, im Frühling kommt der Maibock als Schnitzel, als Braten, als Ragout oder sonst noch wie auf die Karte, dem Eierschwammerl und dem Spargel nähert sich die „Hansy"-Küche in großer Intensität, immer aber noch fest auf Wiener Boden verhaftet. Und apropos Wiener Boden: Alle im „Hansy" ausgeschenkten Weine stammen aus Wien, das sind weit über 30 Stück, von Ambrositsch bis Zahel. Auch das Hausbier stammt aus Wien, wobei das „Hansy Bräu" eine normalerweise unter anderem Namen bekannte Brauerei aus dem 16. Bezirk ist, die für das verflieste Gasthaus eine eigene Spezialmischung abfüllt. FH

HANSY, Praterstraße 67, 1020 Wien
Tel.: 01/214 53 63, täglich 9–23 Uhr, www.hansy-braeu.at

Fotos: Michael Reidinger

OHRFANDL

Ein Stock drüber

Das „Ohrfandl" ist ein Relikt einer vergangenen Weinhaus-Epoche und zählt fraglos zu den kuriosesten Wirtshäusern Wiens. Er befindet sich nämlich im ersten Stock. Im Sommer, wenn die Sonne scheint und man im Garten sitzt, ist das „Ohrfandl" vermeintlich ein Gasthaus wie zahlreiche andere, mit nettem Gastgarten unmittelbar an der Landstraßer Hauptstraße, in dem man große Portionen deftigen Essens zu ziemlich günstigen Preisen bekommt. Seine Einzigartigkeit spielt das „Ohrfandl" allerdings erst aus, wenn man nicht im Garten sitzt, sondern drinnen.

Weil drinnen ist oben, im ersten Stock, den man über eine Treppe im Stiegenhaus erreicht. Und da tut sich dann eine Dimension auf, wie man sie kaum erwartet hätte: Der Raum ist riesig und von beeindruckender Höhe, eine Halle, die Antwort eines Weinhauses auf das Modell Rittersaal. Ein Wandgemälde zeigt den Ortskern von Gumpoldskirchen, was die Gestaltung und Konzipierung des „Ohrfandl" in eine Zeit verweist, als der beschauliche Weinort im Süden Wiens sowohl noch einen blendenden Ruf genoss als auch noch nicht in einer Viertelstunde per Auto oder Schnellbahn erreicht werden konnte.

Weinfässer und affichierte Texte des „Lieds vom Wein" sorgen für eine gewisse thematische Nähe zu Heurigen und (heute kaum noch existierende) Stehweinhalle. Das einstmals dunkle, schwere Mobiliar wurde bedauerlicherweise gegen herkömmliche Bestuhlung ersetzt. Das eindrucksvollste „Ohrfandl"-Detail sind aber zweifellos die unendlich schwer wirkenden und mit massiven Ketten an die Wand gezurrten Holzluster, in den typischen Weinstuben-Farben braun, rot und grün lackiert und mit Holzfiguren verziert, die das einstige Winzerleben darstellen. Schwebende Beleuchtungs-Raumschiffe aus einer anderen, fremden Welt, an denen man sich nicht sattsehen kann.

Apropos satt: „Ohrfandls" Zugang zum Kulinarischen ist ein recht direkter – große Portionen, vornehmlich Gebackenes. Das wird allerdings in tadelloser Qualität an den Tisch gebracht und fügt sich exzellent in dieses sehr spezielle „Ohrfandl"-Erlebnis. FH

Fotos: Michael Reidinger

OHRFANDL, Seidlgasse 36, 1030 Wien,
Tel.: 01/712 45 82-22, Mo.–Fr. 9–22, Sa. 9–14 Uhr

3

LANDSTRASSE

Ohrfandl
Weinstubenreminiszenz im ersten Stock

Wild
Beislwunder geschehen

Winklers Zum Posthorn
Gasthausberühmtheit, angenehm verwienert

Gasthaus Sagmeister
Brachialwirtshaus, bei dem dann doch fast alles stimmt.

Herlitschka
Einer der schönsten Gasthausgärten der Stadt

3

WILD

Neuer Beislglanz

„Krafts Weinhaus Wild“ hieß das Lokal bis vor knapp zehn Jahren, es war eines der urtümlichsten Beisln der Stadt mit einer Einrichtung aus den 30er Jahren, schlechter Küche, eigenwilligen Kellnern und einem großen Atout: einem riesigen Schanigarten auf dem zwar urbanen, aber trotzdem ruhigen, weil verkehrsarmen Radetzkyplatz. Es sperrte nach längerem Siechtum seine Pforten zu und wurde später von den Betreibern des „Amacord“ übernommen, eines Szenelokals am Naschmarkt. Und die schafften eine Art Beislwunder.

Das alte, schon recht grindige Weinhaus wurde wundervoll revitalisiert, die imposante Schank mit den alten Kühlschränken in der Wand dahinter völlig erhalten, die Lamperie lediglich neu gestrichen. Das nunmehrige „Gasthaus Wild“ vereint auf diese Weise zweierlei: die Tradition der Wiener Weinhäuser, die ja auch vom Aussterben bedroht sind, und den Esprit der jungen Wiener Gastronomie, die an internationalen Vorbildern geschult, aber von ihnen nicht um den Charakter gebracht worden ist. Exemplarisch merkt man das am Essen. Die Karte ist an der Wiener Klassik orientiert, man kriegt also immer ein Wiener Schnitzel mit Erdäpfelsalat und, unter anderem, ein wirklich hervorragendes Beuschel; daneben gibt's aber auch Neuzeitliches, Eigenkreationen wie Entenleberparfait mit sauren Eierschwammerln und Brioche, ein gebratenes Kalbsbries auf Krautfleckerln oder Frischlingsragout mit Parmesanknöderln. Das klingt vielleicht widersprüchlich, hier aber bildet es ein sehr harmonisches Ganzes. Dazu passt auch das Getränkeangebot. Neben dem gut gezapften Bier und dem preisgünstigen Schankwein gibt es nämlich auch eine Menge Bouteillen, aus denen glasweise ausgeschenkt wird, und eine präsentable Weinkarte, die vor allem quer durch ganz Österreich hervorragend sortiert ist. State of the Wirtshausart, kurz gesagt. AO

□ WILD
1030 Wien, Radetzkyplatz 1
Tel.: 01/920 94 77
täglich 9–1 Uhr (Küche Mo.–Sa. 11.30–23, So. 11–22 Uhr)

WINKLERS ZUM POSTHORN

Kutscher, einkehren *bitte.*

Das ist endlich einmal ein Fall, in dem das Wirtshaus der Gasse den Namen gegeben hat und nicht umgekehrt. Das Gasthaus „Zum Posthorn“ gibt es seit 1870, und es war hier offenbar wirklich dominant. Dabei ist es nicht gar so groß. Aber seit Menschengedenken war es von großem Ruhm. Seine größte Berühmtheit genoss es in den 60er bis 80er Jahren des vorigen Jahrhunderts, zunächst als „Steffis Posthorn“ und dann als „Bei Max“, wo interessanterweise ausgezeichnete Kärntner Küche geboten wurde, unserer Erinnerung nach damals die einzige in Wien. Es war damals ein bisserl ein Szenelokal, nie wird versäumt, darauf hinzuweisen, dass Helmut Qualtinger hier Stammgast war (das war er allerdings ubiquitär). Heute ist das „Posthorn“ wieder vollständig verwienert. Geröstete Knödel mit Ei, Rindsgulasch mit Gebäck, Schweinsbraten mit Semmelknödel und Krautsalat, Wiener Schnitzel vom Schwein ruft es aus der Karte, was vom Gast gern gehört wird. Keine unnötigen Exotismen mehr, wo liegt schon Kärnten? Eben.

Neben/unterhalb der Steiermark, könnte man sagen, und von dort kommen immerhin ein paar der wenigen, aber sehr persönlich und sorgsam ausgewählten Flaschenweine, die hier zu fairen Preisen angeboten werden. Insgesamt herrscht hier die Devise: Weniger ist mehr. Irgendwie lässt sich das auch auf die Preise übertragen, die einem ein Mehr an Konsum ermöglichen (wenn man nichts mehr essen kann, kann man ja die Weinkarte ausreizen). Und sie galt offenbar auch bei der Pflege der Inneneinrichtung, denn auch hier wurde so wenig wie nur möglich erneuert. Eigentlich gar nichts in den letzten zehn, zwanzig Jahren, jedenfalls nichts, was unangenehm auffallen würde. AO

◻ WINKLERS ZUM POSTHORN Posthorngasse 6, 1030 Wien
Tel.: 01/941 39 24, Mo.–Fr. 17–24 Uhr, www.winklers-zumposthorn.at

Fotos: Michael Reidinger

3

SAGMEISTER

„…erl"-Haus

Es gibt Dörfer, deren einzige Sehenswürdigkeit ihre Wirtshäuser sind. Das obere Erdberg wäre so ein Dorf. In der unfreundlichen Stadtwüste zwischen Baumgasse, Schlachthausgasse und Landstraßer Hauptstraße gibt es drei bemerkenswerte Gastronomiebetriebe: Das „Schuh", gleich ganz vorne im Spitz zwischen Baumgasse und Landstraßer Hauptstraße, früher eins der schönsten alten Beisln der Stadt, heute ein Messing-Holz-Restaurant der gutbürgerlichen, verwechselbaren Art, das „Da Paolo", ein unscheinbarer Italo-Kroate mit hervorragendem Fischangebot, und den „Sagmeister".

Der „Sagmeister" ist ein Brachialwirtshaus. Das bezieht sich nicht auf irgendwelche Brutalitäten, die zwischen den Gästen ausgetauscht werden, sondern auf die definitiv ungenierte Art und Weise, in der es seinen Gästen nahetritt. Hier wird kein geschmacklicher Fehltritt gescheut, außer im kulinarischen Sektor. Die Ausstattung ist lautstark rustikal, die Speisekarte und die Webseite strotzen vor „Originalität" und „Witz" und laborieren an der „…erl"-Krankheit: 5x …schnitzerl auf einer Seite, neben nur 1x … bratl. Aber am Teller und im Glas, da stimmt einfach alles. Das glaubt man kaum, wenn man zum Beispiel erfährt, dass die meisten gebackenen Speisen hier von Pommes frites und (!) Curryreis (!!!) und Salat begleitet werden.

Aber man könnte sich drin eingraben. Und der Tafelspitz gehört zu den besten der Stadt.

Die Sagmeisters zogen 1957 aus dem südburgenländischen Olbendorf hierher mit dem sichtbaren Ziel, sich die Schimmelgasse zu unterwerfen. Es ist ihnen gelungen. Die Mittel dafür waren gute Ausbildung, Ehrgeiz, Qualitätsbewusstsein und ein paar gute Lieferanten aus der alten Heimat. Über die verfügen die Sagmeisters noch immer. Und „bei Beschwerden konsultieren Sie bitte den Arzt Ihres Apothekers!" (aus der originellen Karte). Ach ja, eine Kegelbahn gibt es auch. AO

SAGMEISTER
Schimmelgasse 9, 1030 Wien
Tel.: 01/713 31 99
Fr.–Di. 10.30–15 und 17.30–24 Uhr
www.gasthaus-sagmeister.at

3

HERLITSCHKA

Ums Eck gekocht

Der „Herlitschka“ ist eines der wenigen Beispiele dafür, dass ein Beisl nicht nur neu starten, sondern sogar seinen Standort wechseln kann. Es gibt da so Platzerln. Wo das Licht schön einfällt, wo die Fassaden hübsch sind, wo die Gassen vielleicht nicht ganz gerade verlaufen oder es vielleicht irgendeine kleine architektonisch-tektonische Irritation gibt. Die Durchfahrt von der Salesianergasse in die Traungasse etwa ist genau so ein Platzerl. Treppen, Arkaden, Säulen, Kopfsteinpflaster, ein paar Häuser weiter ein atemberaubend schöner Biedermeier-Hof ...

Das war aber noch nicht der Platz, an dem Wilfried und Wiesia Herlitschka Anfang der 90er ihr Gasthaus eröffneten, das war noch ums Eck, in der Marokkanergasse, im ehemaligen Gasthaus „Wurzinger“. Das machten die Herlitschkas mit Fleiß und Sinn für eine populäre Gasthausküche, die irgendwo zwischen Wiener Beislklassik, gutbürgerlicher und – allgemein gesprochen – „internationaler“ Küche pendelte, zu einem wunderbaren, versteckten und von seinen Fans und Stammgästen heiß geliebten Lokal.

Dort wurde es dann aber zu eng und zu alt, weshalb die Herlitschkas 2003 übersiedelten, ums Eck, an den zuvor genannten schönen Ort. In den Gewölben befand sich davor eine alte Schlosserei, weswegen man die wichtigsten Stücke, die für die alte „Herlitschka“-Atmosphäre sorgten, übersiedelte, etwa die traumhaft schöne und extrem liebevoll gepflegte Bretschneider-Schank. Die Lamperie wurde neu gezimmert und mit etwas Geschick auf alt getrimmt, der so kompromisslose, hallende und wunderschöne Terrazzoboden musste leider bleiben, wo er war.

Natürlich veränderte sich der „Herlitschka“ damit, verlor ein bisschen an gewachsener Authentizität. Aber er gewann dafür einen der schönsten Gasthausgärten der Stadt, unter den Arkaden an einer kaum befahrenen Kreuzung, mit seiner Sinnlichkeit und Ruhe, wie sie hektische Gasthausgärten nur ganz selten zu vermitteln mögen. Nicht ganz der alte, aber ein sehr guter, stimmiger, neuer „Herlitschka“ also.

FH

□ HERLITSCHKA, Traungasse 1, 1030 Wien, Tel.: 01/713 43 81
Mo.–Fr. 10–1, Sa. 17–24, So., Fei. 11–24 Uhr, www.herlitschka.at

Fotos: Michael Reidinger

4

WIEDEN

Das Wirtshaus
Bilderbuchbeisl mit beachtenswertem Weinangebot

Ubl
Hier wird die klassische Wiener Küche zelebriert und auf die Uhr geschaut.

Sperl
Weltvergessene Idylle in Schankraum und Gastgarten

Fotos: Philipp Horak

DAS WIRTSHAUS

Uralt eingesessen

„Das Wirtshaus" heißt ein Lokal eigentlich nur, wenn es vor relativ kurzer Zeit neu benamst wurde; es gibt einige derartige Stätten in Wien. Jenes Wirtshaus, von dem hier die Rede ist, besteht seit 1908 und hieß damals „Gasthaus Eder". Eine Nachfahrin der damaligen Betreiber lebt noch, ist etwa 100 Jahre alt und vermietete ihr Eigentum vor etwa 15 Jahren an ein Paar aus der Steiermark, Ingrid Fürst und Christoph Scharner, dem sie vertraute, dass es aus dem uralt eingesessenen Betrieb kein Chinalokal, keine Pizzeria und keine Szenehütte machen würde.

Das Vertrauen wurde belohnt. „Das Wirtshaus" ist, trotz des geradezu neumodischen Namens, ein Beisl wie aus dem Bilderbuch geblieben. Die typische Einrichtung wurde augenscheinlich unversehrt übernommen, na ja, ein Stehtisch mit Barhockern vor der Schank ist offenbar neuzeitlichen Ursprungs, fügt sich aber harmonisch ins Bild. Es gibt die klassische Dreieinigkeit Schankraum, Speiseraum und Extrazimmer, es gibt eine extrakleine Standardkarte mit Frittaten-, Grießnockerl- und Leberknödelsuppe, einem Butterbrot mit Sardinen und Zwiebel (!), ein paar größeren warmen Broten, Gulasch, Schnitzel (in vier Varianten) und einem Zander. Die Tageskarte sorgt für die nötige Abwechslung, und die Küche widmet sich häufig bestimmten Regionen. Natürlich gibt es immer wieder steirische Wochen als Reminiszenz an die alte Heimat des Wirtspaars, aber auch Ungarn- oder Tapas-Schwerpunkte werden zelebriert.

Besonders bemerkenswert ist das Weinangebot. Zwar ist die Karte klein, mit naturgemäß wieder steirischem Schwerpunkt. Aber in welchem anderen Beisl bekommt man fast 20 Bouteillen aus Spanien, ein paar aus Ungarn, einen Château Sociando-Mallet 1997 (um 60,– Euro!) oder einen Opus One? Das besonders freundliche Personal kennt sich auch damit gut aus. AO

DAS WIRTSHAUS, Johann-Strauß-Gasse 42, 1040 Wien, Tel.: 01/503 15 56, Mo.–Fr. 17–23 Uhr

4

UBL

Eine Frage der Zeit

UBL
Preßgasse 26, 1040 Wien
Tel.: 01/587 64 37
Mi.–So. 12–14, 18–24 Uhr

Das vielleicht schönste Wirtshaus der Stadt funktionierte immer schon nach ganz eigenen Regeln. Aber als Wiener ist man es gewohnt, Regeln zu haben. Beim „Ubl" trug das sicher zur Legendenbildung bei. Zeit spielt beim „Ubl" eine nicht unwesentliche Rolle: Das Gasthaus gibt es dem Vernehmen nach an dieser Stelle seit etwa 130 Jahren – das ist lang. Im Wesentlichen unverändert ist es seit den 1920er Jahren, wofür sich zwar schwer Belege finden lassen, was man beim Betreten dieses magischen Ortes aber sofort zu glauben bereit ist. Ein wohliger Schauer der Zeitlosigkeit durchfließt einen hier, das ganz eigentümliche Gefühl, an historischem Alltag teilnehmen zu können, und zwar ganz ohne museale Künstlichkeit.

Zeitliche Faktoren prägten und prägen das „Ubl", alias „Gastwirtschaft zum guten Hirten", aber auch jenseits jeglicher Metaphysik: Die zwei Schwestern Ubl führten das Gasthaus über Jahre hinweg abwechselnd – täglich abwechselnd –, was der ewigen Legende des „Ubl" eine zeitgemäße Komponente hinzufügte; außerdem hängt im Lokal eine große Uhr, und zwar nicht einfach so, sondern stetig mahnend. Denn die Öffnungszeiten sind im „Ubl" heilig, und wer sich mittags nach 14 Uhr noch im Lokal befindet, der wird wahrscheinlich vom Erdboden geschluckt oder vom Teufel geholt, man weiß es nicht so genau, es wurde stets dafür gesorgt, dass das nicht passiert.

Man kann im „Ubl" allerdings die Zeit recht leicht vergessen. Das Gasthaus ist so wunderschön, so echt, die Jahrzehnte sorgten für eine unglaubliche Harmonie der Nuancen von braun und schwarz, die exemplarisch gut erhaltene, wunderschöne Schank, der Kanonenofen, das derbe, unverwüstliche Mobiliar, der geölte Holzboden, die Trennwand zwischen Schankraum und „Salon" aus Holz und Glas von gestalterischer Grazilität, der verzauberte Garten zur Mühlgasse, die archetypischen Gasthausgeräusche, die archetypischen Gasthausgerüche ... Wiener Klassik stand hier natürlich auch küchentechnisch immer außer Zweifel, mal mehr, mal weniger kompromisslos. Das „Ubl" ist jedenfalls einer der Orte, wo ein Schnitzel nicht nur eine kulinarische Option, sondern quasi Bestandteil des ästhetischen Gefüges ist. Und wo ein Kochsalat zur Delikatesse werden kann, und man bei Petersilerdäpfeln vor Glück weinen kann. Zumindest bis 14 Uhr. FH

Fotos: Philipp Horak

4

SPERL

Viel*fältige* Landschaft

Fernab jeglicher Frequenzlage, seit Jahrzehnten kaum verändert und nur wenig Anzeichen von Marketing oder Ähnlichem – das „Sperl" auf der oberen Wieden wird dennoch besucht und geliebt. Und das hat mehrere Gründe. Es ist architekturgeschichtlich nur schwer zu erklären, handelt sich aber um eine Tatsache: Im vierten Wiener Gemeindebezirk gibt es die meisten und schönsten Gasthaus-Hinterhöfe der Stadt. Ob es daran liegt, dass die hier immer schon besonders geschätzt wurden, oder ob sie hier nur durch Glück überlebten – wer weiß das schon?

Der Garten vom „Sperl" ist jedenfalls eine Kategorie für sich: Von Weinlauben überwuchert und diversen Pflanzen dicht besiedelt, von Balkonen, beziehungsweise „Pawlatschen" mehrstöckig umringt – ein wirkliches Gefühl der Weite kommt hier nicht auf, aber dafür ist Intimität hundertprozentig gegeben. Auch würde ein heutiger Gartengestalter hier sicher vieles anders machen. Dass das die weltvergessene Idylle im „Sperl" verbessern würde, ist allerdings mit Sicherheit auszuschließen.

Der Garten hat traditionsgemäß über ein großes Tor einen eigenen Zugang von der Straße aus, vom Garten wiederum kommt man auch in einen pittoresken, etwas altdeutsch anmutenden Saal, es gibt eine Schankstube mit einer schönen, alten Schankanlage, die im Laufe der Jahrzehnte aber irgendwann einmal verhübscht wurde, und einen Speisesaal. Sehr viel Holz ist da überall, nicht immer passt es auch zusammen, egal, die wilde Mischung der Epochen gehört zum „Sperl" durchaus dazu. Denn auf die setzt man auch in der Küche ziemlich konsequent: einerseits Gasthaus-Urgesteine wie Vanillerostbraten oder die gebackene oder geröstete Leber, bei der man sich auf die Tradition der legendären Novak-Schwestern vom „Gmoakeller" beruft, andererseits Reminiszenzen an die Kulinarik der 80er Jahre wie Schweinsmedaillons mit Cognac-Pfeffersauce und Kroketten, Hausgeheimnis mit Pommes frites oder Rindsleber nach Tiroler Art. Da könnte man jetzt sagen, dass das so retro ist, dass es hipper schon wieder kaum geht. Aber hier ist das nicht retro, das ist „Sperl"-Style und wesentlicher Bestandteil der Hausphilosophie. FH

SPERL
Karolinengasse 13
1040 Wien
Tel.: 01/504 73 34
Mo.–Do. 11–23
Fr.–So. 11–22 Uhr
www.restaurant-sperl.at

ZUR GOLDENEN GLOCKE

Heut kumman *die Engerln …*

Die „Goldene Glocke" gibt es an diesem Platz seit 1886, ihr berühmtester Bestandteil stammt allerdings aus den 20er Jahren: das riesige Wandgemälde im Hofgarten. Viele Generationen von Gästen haben es bewundert und die Berühmtheiten enträtselt, die darauf abgebildet sind, von Schubert bis Girardi. Es illustriert den Inhalt der zweiten Strophe des Wienerlieds *Heut kumman die Engerln auf Urlaub nach Wien*, demgemäß steht Amor hinter einem Baum, und die Schrammeln spielen …

Der Garten (inklusive Salettl verfügt er über 150 Sitzplätze) war jedenfalls jahrzehntelang das Hauptmotiv der Gäste hierherzukommen. Er trug dazu bei, dass Margareten einen Ruf wie Donnerhall als Bezirk mit tollen Gastgärten genießt (weitere Kontributoren: das „Alte Fassl", der „Silberwirt" und der „Waldviertlerhof").

Seit einigen Jahren besucht man die „Glocke" aber auch der Küche wegen. In den 90er Jahren wurde das Lokal neu übernommen, und seither haben hier schon einige wirklich gute Köche den Löffel geschwungen, die haben ihre Lehren „in den besten Häusern", wie man so sagt, absolviert, zum Beispiel im „Schwarzen Kameel" oder bei Heinz Hanner in Mayerling.

Nichtsdestoweniger ist die Speisekarte äußerst traditionell ausgerichtet. Es gibt hier immer ein gekochtes Rindfleisch und demgemäß auch eine kräftige Suppe, es gibt alle Klassiker der Wiener Küche, dazu aber auch, zwischendurch auf der Tageskarte, Weltgerichte wie ein Beef-Tatar oder das Chateaubriand für zwei Personen, also jene Art Spezialitäten, die man hierzulande in den 60er Jahren auf der Karte haben musste, um als ernstzunehmendes Restaurant mit Anspruch durchzugehen. Heutzutage ist das schon wieder eine sympathische Zeitreise. Die Preise sind dementsprechend eher restaurantmäßig, für ordentliche Weinbegleitung ist ausreichend vorgesorgt. Der werdende Gast sei auf die hervorragend gewartete Webseite verwiesen, die alle aktuellen Angebote feilhält.

AO

□ ZUR GOLDENEN GLOCKE, Schönbrunner Straße 8, 1050 Wien, Tel.: 01/587 57 67
Mo.–Sa. 11–14.30, 17.30–22.30, So., Fei. 11.30–15 Uhr, (Juli, August So. geschlossen), www.zur-goldenen-glocke.at

Fotos: Philipp Horak

5

MARGARETEN

Zur Goldenen Glocke
Traditionelle Speisen, großartiger Gastgarten

Haas Beisl
Schmuckes Wirtshaus mit gästefreundlicher Weinkalkulation

Rudi's Beisl
Von der Rettung des Wiener Backfleischs und anderen Heldentaten

5

HAAS BEISL

Für *sparsame* Weinfreaks

In der hübschesten Gegend des 5. Bezirks, nahe dem Margaretenplatz, liegt eines seiner hübschesten Gasthäuser. Die Fassade des „Haas Beisls" zeugt sogar von einigem Gestaltungswillen, war doch der Phantastische Realist Wolfgang Hutter an ihrem Entwurf beteiligt. Zwar tanzen keine Fabelwesen über die Wand, aber ein paar Schnörkel lassen das Lokal eher beisluntypisch aussehen. Allerdings nur außen. Innen präsentiert es sich in wunderbarer Typizität, für ein Beisl mehr als schmuck, mit alter Schank, gepolsterten Bänken, hübschen Fenstern in der Zwischenwand, gepflegter Lamperie und Genrebildern an den Wänden. Das Publikum ist gutbürgerlich, die Preise sind es auch.

Die Küche ist klassisch wienerisch mit steirischem Anhauch, der sich der Herkunft der Köchin verdankt, und bietet ständig saisonale Schwerpunkte. Der „Bauernteller" (nein, für ihn wurde kein Bauer geschlachtet) unterscheidet sich vom gemeinen Bauernschmaus dadurch, dass die Würste keine Frankfurter, sondern feinste Bratwürstel sind und nicht von Knödel und Sauerkraut begleitet werden, sondern von einem herrlichen Ritschert. Schweinskarree und vor allem das Geselchte (!) anbei sind übrigens von hervorragender Qualität, wie fast alles, das sonst hier geboten wird.

Was das „Haas Beisl" aber noch weiter aus der Masse der Konkurrenz heraushebt, ist das unglaubliche Angebot an ausschließlich österreichischen Flaschenweinen. Man kann hier beispielsweise den Admiral von Pöckl und Perwolff von Krutzler aus allen Jahrgängen zwischen 2001 und 2006 außer 2002 finden, noch mehr gibt's von Markowitschs Rosenberg. Die Kalkulation ist atemberaubend gästefreundlich; auf die Frage, wieso alle Admiral-Jahrgänge gleichermaßen 48,– kosten, sagt Herr Haas lapidar: „Weil das für uns einfacher ist." Darauf stoßen wir gerne im Jahrgangsvergleich an. Übrigens, der BILLA gegenüber war der erste BILLA der Welt.

AO

□ HAAS BEISL, Margaretenstraße 74, 1050 Wien, Tel.: 01/586 25 52, Mo.–Fr. 11–24 Uhr, www.haasbeisl.at

5

RUDI'S BEISL

Back*fleisch*, oléoléolée

Rudi von „Rudi's Beisl" heißt eigentlich Christian. Und das Beisl sieht ein bisschen so aus, als würde man hier Souvlaki bekommen. Aber das täuscht. Gehört Fußball unweigerlich zu einem Wiener Beisl? So unweigerlich wie Gspritzter, Seidel, Gulasch, Leberknödel und Salzstangerl? Nein, so unweigerlich nicht, wobei Fußball in Wiens Beislszene schon ein sehr wichtiges Thema ist, nicht zuletzt an den Tischen, und in „Rudi's Beisl" besitzt der Ballsport außerdem eine gewisse Form der Heiligkeit, der Allgegenwärtigkeit, der Spiritualität.

Denn „Rudi's Beisl" wurde vor knapp 30 Jahren von Rudi Stark gegründet, jenem Rudi Stark, der 1961 anlässlich eines Europacup-Spieles im Praterstadion 18-jährig aus 25 Meter Entfernung zum 1 : 1 der Austria gegen Benfica Lissabon einlochte. Und das spürt man auch heute noch irgendwie. Obwohl Rudi Stark schon vor zehn Jahren in Pension ging und an Christian Wanek verkaufte, der hier zuvor bereits „Rudi's-Beisl"-Küche gekocht hatte. Zahlreiche Fußball-Devotionalien, die sich den wirklich nicht gerade großzügig bemessenen Raum des kleinen Lokals mit anderem Kramuri teilen, helfen bei diesem Sinneseindruck. 1995 erlebte „Rudi's Beisl" eine Sternstunde, da wurde das winzige und kurioserweise mit hellblauer Lamperie ausgestattete Lokal von Wolfram Siebeck beschrieben und gelobt. Und von da an war es dann vorbei mit der Zeit als Geheimtipp, einen Platz beim „Rudi" zu bekommen, war fortan für Nicht-Stammgäste eine ziemlich schwierige Angelegenheit, nicht zuletzt, weil man um diese wenigen Restplätze mit anderen Nicht-Stammgästen wie Bundeskanzlern, Bankdirektoren und Fußball-Heroen konkurrieren musste.

Neben den vielen guten Sachen, die Rudi Stark und Christian Wanek hier in schon legendär großen Portionen servieren, besitzt das Alt-Wiener Backfleisch besonderen Status: Dieses Gericht – leicht plattierter Rostbraten mit Senf und Kren bestrichen, dann paniert – war nämlich eigentlich von der Bildfläche verschwunden, bis Rudi Stark/Christian Wanek diese Schöpfung wieder aufs Tapet brachten.

Mittlerweile fährt Christian Wanek gewissermaßen zweigleisig, also einerseits mit „Frisch Gemachtem und Gebackenem aus der Pfanne", Backfleisch, Backhendl, Tafelspitz, Schulterscherzel und Beinfleisch, andererseits mit durchaus zeitgemäßen Vertretern der gutbürgerlichen Küche. Niemand stört sich daran. Jeder ist froh, wenn er einen Platz bekommen hat.

FH

□ RUDI'S BEISL, Wiedner Hauptstraße 88, 1050 Wien
Tel.: 01/544 51 02, Mo.–Fr. 11.30–15, 18–23 Uhr

Fotos: Philipp Horak

ZUR EISERNEN ZEIT

Von goldenen und eisernen Zeiten

Marmor, Stein und Eisen bricht, nur dieses bald hundertjährige Naschmarkt-Urgestein nicht, das sich selbst immer wieder neu erfindet und sich dabei so unglaublich treu bleibt. Naschmarkt von heute, kennt man ja: Schöne, erfolgreiche, junge Menschen mit teuren Sonnenbrillen, die bei Sonnenschein und am Wochenende zu Tausenden die Schanigärten der Gastronomiegasse bevölkern, Bier, Prosecco und Aperol-Spritz trinken, rotes, grünes und gelbes Thai-Curry essen, ja, gerne auch ein bisschen Prosciutto, Avocado-Maki oder eine vietnamesische Frühlingsrolle.

Aber auch der Naschmarkt war einmal ein Markt. Mit Marktfahrern, mit Marktöffnungszeiten, mit Marktsprache und Marktgepflogenheiten. Und davon kündet noch ein einziges Lokal, nämlich das souveräne Bollwerk gegen die Fun- und Lifestyle-Epoche namens „Zur eisernen Zeit". Der Name ist ein wenig obskur, rührt aber daher, dass das Lokal – wie die festen Bauwerke am gesamten (und dennoch eigentlich provisorischen) Naschmarkt – während des ersten Weltkriegs im Jahr 1916 erbaut wurde, eine Zeit, die infolge von Inflation, wertlos gewordenen Kriegsanleihen und Verelendung als „eiserne Zeit" in die Geschichte einging.

Die Ausschilderung als „Vienna's oldest Pub", die mehrsprachige Speisekarte, der dramatisch gewachsene Schanigartenbereich und die grundsätzliche Originalität des Lokals konnten nicht verhindern, dass die alte „Eiserne Zeit" längst ein unverzichtbarer Bestandteil des lebensfrohen Naschmarkt-Ensembles geworden ist. Aber ein bisschen anders blieb sie dennoch. Sei es das uralte, gleichmäßig von Patina überzogene und durchaus nicht geruchsneutrale Holz, aus der die „Zeit" quasi zur Gänze besteht, sei es das Licht, das hier von drei Seiten irgendwie besonders gelblich einfallen kann und diesen speziellen Bahnhofcharakter eher unterstreicht als reduziert, sei es das spezielle und puristische Angebot, dessen unangefochtener König das legendäre Gulasch ist, fetter, zwiebeliger, zarter und besser als überall sonst (unterstützt von auch nicht gerade leichten Gerichten der Kategorie Backhendl, Selchwurst, Schnitzel, Cordon bleu, gegrillter Leberkäse oder Butterbrot mit Nuri-Sardellen) – Kult. Und natürlich das Publikum. Das scheint hier ein bisschen ein Asyl gefunden zu haben, mitten im Trubel der schönen, erfolgreichen Smartphonebenutzer. Hier spielt man Karten, und wenn man sich dazu auf ein Bierfass setzen muss. Hier kennt man sich noch, weiß, was man trinkt. Keinen Aperol-Spritz.

FH

□ ZUR EISERNEN ZEIT, Naschmarkt 316–320, 1060 Wien
Tel.: 01/587 03 31, Mo.–Sa. 9–23 Uhr

Fotos: Philipp Horak

6

MARIAHILF

Zur eisernen Zeit
Kultiges Urgestein im Naschmarkt-Ensemble

Steman
Altehrwürdiges Gasthaus, das trotz Szene-Gastronomie authentisch bleibt

6

STEMAN

Schnitzel essen *mit Würde*

Das ehemalige Gasthaus „Zur Stadt Salzburg" erlebt dank zweier junger Szene-Gastronomen einen Zuspruch, wie ihn dieses altehrwürdige Speisehaus zuvor vielleicht nie hatte. Der Name irritiert vorerst ein wenig. Was heißt „Steman"? Ist das tschechisch? Kaum, teutonisch, nach dem es ein bisschen klingt, aber auch nicht. „Steman" ist schlicht und einfach ein Akronym aus den Vornamen der beiden Betreiber Stefan Schiffner und Manfred Haas. Die beiden – zuvor an diversen Stätten der Wiener Szene-Gastronomie tätig – übernahmen das Traditionswirtshaus 1999 mit Hilfe der sogenannten „Nachfolgebörse", einer lobenswerten Einrichtung, die pensionswillige Wirtshausbesitzer mit Nachfolgern in Kontakt bringt. Besonders fein, wenn das so gut funktioniert wie in diesem Fall, wo das altehrwürdige Gasthaus „Zur Stadt Salzburg" an zwei Gastronomen ging, die etwas Gemütliches suchten, etwas mit einer Atmosphäre, die dem typischen Wiener Wirtshausessen verpflichtet ist, wo sich die Einrichtung nicht mit Beuschel und Martinigansl schlägt.

Das tut es hier tatsächlich nicht: ein ungeheuer stimmungsvoller Schankraum mit einem Monolithen von einer Kühlanlage, die zur Betonung ihrer Mächtigkeit und Souveränität auch noch rot gestrichen wurde, – alles wunderbar schlicht, fast zeitlos, möchte man sagen. Und das Extrazimmer, das seit der – nicht ganz unkomplizierten – Raucherregelung als Nichtraucherraum verwendet wird, getrennt durch diese typischen Trennwände aus Glas und Holz, die das ganz eigentümliche Design des Wiener Gasthauses so prägen. Im Extrazimmer herrschen geöltes Fischgrät-Parkett und braun lackierte Edellamperie, die Fenster sind hoch, die Tischtücher weiß, ein Saal-Gefühl entsteht. Dieser Raum hat Würde, hier vermeint man, die Tradition des Alt-Wiener „Speisehauses" zu spüren.

Gastronomisch nimmt man bei dieser Tradition durchaus Anleihen, unterwirft sich aber keinem Dogma. So gibt es Schweinsleber, gebacken und geröstet, überbackene Schinkenfleckerl, das Wiener Schnitzel wird in der mit Butterschmalz befüllten Pfanne gebacken, der Erdäpfelsalat ist nach klassischer Schule. Szene-Gastronomische Ausflüge – das „Steman"-Publikum ist durchwegs jung, urban und kreativ – gibt es aber ebenso. Ein Gasthaus, das so aussieht, darf das aber. FH

Fotos: Philipp Horak

STEMAN, Otto-Bauer-Gasse 7, 1060 Wien, Tel.: 01/597 85 09, Mo.–Fr. 11–24 Uhr, www.steman.at

NOCH MEHR WIENER KÜCHE

Friedliche Gastgärten, behutsam revitalisierte Beisln und gepflegte Wirtshauskultur – empfehlenswerte Adressen zwischen Leopoldstadt und Margareten

Altes Jägerhaus

Freudenau 255, 1020 Wien
Tel.: 01/728 95 77
Küche: Mi.–So. 11.30–21.30 Uhr (April bis September tägl.)
www.altes-jaegerhaus.com

Das klassische Ausflugswirtshaus hat natürlich auch einen feinen Gastgarten für den Sommer. Umfangreiches Speiseangebot mit ambitionierten Gerichten und guter Weinkarte.

Schöne Perle

Große Pfarrgasse 2, 1020 Wien
Tel.: 0664/243 35 93
Küche: Mo.–Fr. 12–23 Uhr, Sa., So., Fei. 9–23 Uhr
www.schoene-perle.at

Heißt wie ein Chinalokal, war auch früher eins und ist jetzt eines der zuverlässigsten Gasthäuser im Karmeliterviertel. Im Sommer kann man auch gut draußen sitzen.

Zum Weißen Tiger

Schmelzgasse 9, 1020 Wien
Tel.: 01/968 17 23
Küche: Mo.–Fr. 11–23 Uhr
www.zumweissentiger.com

Ambitioniertes Gasthaus im erblühten Karmeliterviertel. Recht klassisch orientierte Wiener Küche, durchaus dem Saisongedanken verhaftet. Eine Neueröffnung, die wohltuenderweise ohne den üblichen Chichi auskommen will.

Skopik & Lohn

Leopoldsgasse 17, 1020 Wien
Tel.: 01/219 89 77
Küche: Mo.–Sa. 18–23.30 Uhr
www.skopikundlohn.at

Das wunderbar stilvoll erhaltene und revitalisierte Wirtshaus mit seiner skurrilen Deckengestaltung ist mittlerweile ein Fixpunkt im lebendigen Karmeliterviertel, hat seine treue wie szenige Stammklientel. Kleine Karte im Bistro-Stil, zuverlässige Umsetzung. Was will man mehr?

Eisvogel

Riesenradplatz 5, 1020 Wien
Tel.: 01/908 11 87
Küche: Okt. bis Feb. 11.30–15, 18–22.30 Uhr, März bis Sept. 11.30–22.30 Uhr
www.stadtgasthaus-eisvogel.at

Ein Stadtgasthaus namens „Eisvogel" hat schon vor 200 Jahren für gute Küche gesorgt. Heute werkt hier, in einem noblen Ambiente, ein eingespieltes Team mit teilweiser „Steirereck"-Vergangenheit. Man weiß also, was Qualität ist, kocht auch solche, wobei die Wirtshausklassiker fast schon eine Minderheit sind. Gute Wiener-Wein-Karte.

Zur Gruabn

Untere Viaduktgasse 41, 1030 Wien, Tel.: 01/712 63 59
Küche: Mo.–Fr. 10–22 Uhr (Fei. geschl.), www.gruabn-beisl.at

Angenehm uriges Alt-Wiener Wirtshaus mit Holztäfelung und seltener Lamperie. Die Küche ist bodenständig, ehrlich und der Saison verpflichtet, der Service freundlich und blitzschnell.

Gmoa-Keller

Heumarkt 25, 1030 Wien
Tel./Fax: 01/712 53 10
Küche: Mo.–Sa. 11–23.30 Uhr
www.gmoakeller.at

Beim Akademietheater und Wiener Eislaufverein gelegenes Wirtshaus, das einst von einem legendären Schwesternpaar regiert wurde. Heute ist daraus ein gehobenes Beisl mit freundlicher Bedienung und veritablen Wiener Gasthausklassikern geworden.

Seidl

Ungargasse 63, 1030 Wien
Tel.: 01/713 17 81
Küche: Mo.–Fr. 11–22 Uhr
www.gasthaus-seidl.at

Gepflegte Tischkultur, Interieur ohne Schnickschnack und als Dekoration und Hinweis auf das umfangreiche Getränkeprogramm leergetrunkene Weinflaschen mit verheißungsvollen Etiketten. Die detailverliebte Zubereitung von Wirtshausklassikern überzeugt auch so.

Stadtwirt

Untere Viaduktgasse 45, 1030 Wien, Tel.: 01/713 38 28
Küche: Mo.–Fr. 11–23, Sa., Fei. 17–23 Uhr, www.stadtwirt.at

Einst wurde hier Nouvelle Cuisine zelebriert („Gottfried"), jetzt huldigt man auf gelungene Weise der österreichischen Küche mit jeder Menge klassischer Rezepturen und ambitionierter Trinkkultur.

Wiener Wia Z'haus

Gußhausstraße 24, 1040 Wien, Tel.: 01 / 505 45 07
Küche: Mo.–Fr. 11–21 Uhr
www.wiener-wiazhaus.at

Stimmig eingerichtetes Beisl mit großem Schanigarten gegenüber von der TU-Wien. Geradlinige Wiener Küche mit

Skopik & Lohn

gebackenen Klassikern, herzhaft Gebratenem und preisgünstigen Tagestellern.

Woracziczky

Spengergasse 52, 1050 Wien
Tel.: 0699/11 22 95 30
Küche: Mo.–Fr. 11.30–14.30, 18–22.30 Uhr, www.woracziczky.at

Schwierig zu schreiben, aber gar nicht so unaussprechlich, dieser Name für das relativ neue unprätentiöse Eckwirtshaus mit ruhigem Schanigarten, klassischer Wiener Küche und ambitioniertem Getränkeangebot.

Silberwirt

Schloßgasse 21, 1050 Wien
Tel.: 01/544 49 07, Küche: 12–23 Uhr
www.schlossquadr.at

Backhenderl mit Rahm-Erdäpfelsalat im Garten eines Alt-Wiener Pawlatschenhauses, dazu ein Kracherl, guter Wein oder ein frisch gezapftes Bier – so stellt man sich gepflegte Gasthauskultur vor, und so sieht sie hier auch aus.

Foto: Alexi Pelekanos

7

NEUBAU

Grünauer
Der Archetyp der verfeinerten Wiener Gasthauskultur

Hausmair's Gaststätte
Neuer Betreiber, alte Patina und gleichbleibend gute Wiener Küche

Schilling
Szenewirtschaft mit schöner Schank und breitem Bierangebot

GRÜNAUER

Verweile doch, *du bist so schön*

Der „Grünauer" ist gewissermaßen eine Stilikone, der Archetyp der neuen Wiener Gasthauskultur. Das Ende des Lokals ist absehbar, deswegen schmeckt es hier aber nicht schlechter. Im Gegenteil. Als die Grünauers Mitte der 80er Jahre das Gasthaus in der Hermanngasse übernahmen, das ihre Eltern schon seit 1957 geführt hatten, erschütterte das das damals ansatzweise vorhandene kulinarische Feuilleton. Man verglich mit Peter Sellars, man stellte in den Raum, dass es sich hier um die hoffnungsvolle Kombination von Gasthaus und Gourmet handle, und zwar in idealer Form.

Was war anders? Zu allererst war der „Grünauer" gut. Konkret: Brigitta und Martha Grünauer versuchten nicht, die Wiener Gasthausküche neu zu erfinden, sondern machten sie einfach ein bisschen besser, feiner, delikater, gewitzter, aber eben nur so viel, dass sich jeder damit identifizieren konnte und es niemanden anstrengte. Dann war da eine Weinkarte, die ihresgleichen in so einem Lokal suchen musste (und nicht finden konnte): neue Steiermark, neue Wachau, neues Piemont, neue Toskana, neues Bordelais, die Weine einer kulinarischen Aufsteigergeneration, kenntnisreich und freudvoll präsentiert von Martin Grünauer. Nicht wenige der Flaschen, deren Etiketten heute im Schankraum vergilben, zeugen noch von diesen glorreichen Tagen. Und dann war da noch der Umstand, dass der „Grünauer" nicht finster und schummrig war, sondern hell und frisch. Aus heutiger Perspektive kaum mehr zu verstehen, dass das einmal die Gemüter erregte.

Die Auszeichnungen, die mittlerweile vier verschiedene Restaurantführer dem „Grünauer" über die Jahrzehnte hindurch verliehen, legen aber den Beweis vor, dass es sich bei diesem einzigartigen Lokal nicht um eine Modeerscheinung handelte. Der „Grünauer" war immer gut und ist es noch heute, konkret: genauso gut wie früher. Die Karte wechselte in den 25 Jahren nur marginal, Letschobraten, Kaiserfleisch mit Linsen, g'selchte Rahmsuppe, Szegediner, Vanillerostbraten, Kalbstafelspitz. Nur die Frühlingsrolle von der Chili-Blunze ist relativ neu, entspricht aber sehr dem ewigen Grünauer'schen Qualitätsstandard. Seit geraumer Zeit wollen die Grünauers in Pension gehen und suchen einen Nachfolger. Es war noch nichts Passendes dabei. Man kann nicht sagen, dass es viele gibt, die hoffen, dass bald was Passendes dabei sein wird. FH

Fotos: Philipp Horak

GRÜNAUER, Hermanngasse 32, 1070 Wien, Tel.: 01/526 40 80, Mo.–Fr. 18–24 Uhr

HAUSMAIR'S GASTSTÄTTE

Die Ikone, *Neustart*

HAUSMAIR'S GASTSTÄTTE
Lerchenfelder Straße 73, 1070 Wien, Tel.: 0676/754 60 18, Mo.–Sa. 11–23 Uhr, www.hausmair.at

Dass nichts Besseres nachkommt, ist zwar ein oft gebrauchter Stehsatz. Manchmal wird etwas zwar ein bisschen anders, bleibt aber einfach auch genauso gut. So wie das Gasthaus „Wegenstein". Das „Wegenstein" war ein Archetyp. Seit immer da, über die Jahrzehnte immer ein bisschen finsterer und patinierter geworden, eine einheitliche dunkelbraune Erscheinung, die auch mitten am Tag und bei strahlendem Sonnenschein trotz Fensterfront zur Lerchenfelder Straße sich nie so wirklich erhellen wollte. Hinter der Schank der alte Herr Wegenstein, bedächtig und von äußerst homöopathisch eingesetzter Freundlichkeit, an den Tischen die Stammgäste unterschiedlichen Alters, aber identer kulinarischer Geisteshaltung – „Wegenstein".

Die Karte war im Laufe der Jahre schon recht klein geworden, die absoluten Highlights, wegen denen fast so etwas wie kleine Beisl-Wallfahrten abgehalten wurden, blieben aber eine verlässliche Größe: Jeden Donnerstag gab's hausgemachte Blut- und/oder Leberwürste. Herbert Hausmair war von diesem düsteren Tempel der Wiener Gasthauskultur immer schon fasziniert und fragte – nachdem er sich als langjähriger Co-Betreiber vom „Wickerl" in der Porzellangasse als charakterlich reif genug dafür fühlte – vor einigen Jahren einmal wegen einer Übernahme an. Das war zu früh, da war Herr Wegenstein noch nicht bereit dazu. Inzwischen machte Hausmair ein Gasthaus in Ybbs und später das „Radler" in der Währinger Cottagegasse, bis sich im Jahr 2006 die Wegenstein-Nachfolge schließlich doch ergab. Die Veränderungen blieben im kosmetischen Bereich, nur ein bisschen neue Farbe, aber immer noch jede Menge Patina.

Was sich freilich schon änderte, war die Speisekarte, nämlich indem sie ein bisschen größer wurde. Aber das war's dann auch schon wieder modernisierungstechnisch. Hier wird saure Knackwurst „gekocht" und die Schinkenrolle eigenhändig gewickelt, hier gibt's zur Rindsroulade mit Rahmsafterl Spiralnudeln (jawoll!), und dass Leberknödel, Grießnockerl und Frittaten selbst gemacht werden, ist irgendwie keine Frage. Reisfleisch gibt's nach Wunsch saftig oder „patzert" und in Vergessenheit zu geratende Purismen wie das Naturschnitzerl mit Butterreis werden ebenso in Ehren gehalten.

Anders als früher: Herbert Hausmair macht – im Gegensatz zur alten Wiener Wirtentradition – kein Geheimnis aus seinen Lieferanten, im Gegenteil, er präsentiert sie nicht nur stolz und selbstbewusst, er verkauft ihre Produkte sogar zu Ab-Hof-Preisen. FH

SCHILLING Szene*wirtschaft*

Auch ein altes Gasthaus, gleichzeitig ziemlich neu und trotzdem original: Die „Gastwirtschaft Schilling" besteht hier, an einer eher ungemütlichen, weil verkehrsumtosten Ecke des 7. Bezirks, seit 1999. Ein Gasthaus gibt es an diesem Platz allerdings schon seit 1898. Die heutige Gestalt nahm es zu Anfang der 50er Jahre an. Mit viel Glück überstand es diverse Besitzerwechsel unversehrt, sodass das Auge des Besuchers heute wohlgefällig auf einer original Bretschneider-Schank ruhen darf, die gemeinsam mit der alten Kühlanlage und den original erhaltenen Wandvertäfelungen dem Lokal das Gepräge gibt.

Das heutige „Schilling" hatte in den 70er und 80er Jahren ein wechselvolles Schicksal und dann das Glück, dass sich nacheinander zwei Eigentümer seiner annahmen, die seinen Charakter sensibel bewahrten. In den frühen 90ern gelangte es als „Pontoni" bei Anhängern eines puristisch-reduzierten Beisl-Stils zu großem Ruhm, der allerdings für ein bequemes wirtschaftliches Auskommen nicht reichte. (Herr Pontoni wiederholte das höchst lobenswerte Experiment übrigens danach auch noch in der Schönbrunner Straße in Wien 5, aber leider mit keinem besseren Erfolg.) Heute ist es ein sowohl ästhetisch wie auch kulinarisch und kommerziell höchst erfolgreiches, zeitgenössisches Lokal an der Schnittstelle von Beisl und Szenewirtschaft: Das Publikum und das Personal entstammen großteils Letzterer, die Küche ebenso wie die Einrichtung dem Ersteren. Für Wien eher unüblich, aber sehr erfreulich ist die Auswahl an Gerstensäften: Schleppe und Villacher werden vom Fass angeboten, und bei allem Lokalpatriotismus muss man sagen, dass dies für eine in Wien schwer zu übertreffende Bierqualität sorgt, jedenfalls, was das Produkt anlangt. Gezapft wird möglicherweise andernorts noch skrupulöser. AO

□ SCHILLING
Burggasse 103, 1070 Wien
Tel.: 01/524 17 75, täglich 11–1 Uhr
www.schilling-wirt.at

Fotos: Philipp Horak

FRANZ

Klassisch neu

Unter den besten Wiener Gaststätten finden sich, bei genauem Hinschauen, überraschend viele Traditionshäuser, die vor relativ kurzer Zeit von neuen Besitzern übernommen wurden. Das mag daran liegen, dass da eine Generation von Wirtssöhnen ans Ruder kommt, die es ihren Vätern zeigen möchte, oder daran, dass „die Neuen" sich bei der alten Kundschaft beliebt machen müssen, oder es fällt die neue Qualität besonders auf, weil sie sich gegen die bisherige so besonders positiv abhebt. Welcher dieser Gründe auf das „Franz" zutrifft, lassen wir einmal offen, um die Besitzer des vormaligen Gasthauses „Hummer" nicht zu kränken. Fest steht, dass der neue Inhaber aus bestem Hause kommt: Der Vater, dem es Sohn Franz Marchhart zeigen musste, führte das legendäre Gasthaus „Wickerl" in der Porzellangasse. Franz übernahm nach der Zeit in der väterlichen Küche das nicht weniger berühmte „Weinhaus Arlt" gegenüber vom Sportklubplatz in Hernals und schließlich, nach einem kurzen Intermezzo im Burgenland, eben den „Hummer".

Und hier kocht er auf, dass es eine Freude ist. Es ist natürlich die ganze Wiener Klassik versammelt, daneben erfreut Marchhart die immer größer werdende Stammgästeschar mit Eigenheiten wie einer pikanten Kuttelflecksuppe, Garnelen auf Krautfleckerln, zahlreichen Fischgerichten (Alpensaibling, Reinanke etc.) und viel vom Lamm (bio, aus dem Burgenland. Auf die hervorragende Qualität der Grundprodukte sei besonders hingewiesen), darunter auch Würste und alle Innereien, also Dinge, die man auf klassischen Wiener Speisekarten normalerweise nicht findet. Außerdem werden natürlich saisonale Schwerpunkte gesetzt, mit einem Bärlauchrisotto beispielsweise, selbstverständlich Spargel- und Wildwochen und allem, was ein bewusster Koch sich übers Jahr so ausdenken kann. AO

□ FRANZ, Florianigasse 19, 1080 Wien, Tel.: 01/947 84 00, Di.–Sa. 10–23 Uhr (Fei. geschlossen), www.lokal-franz.at

Fotos: Peter M. Mayr

8

JOSEFSTADT

Franz

Wiener Klassik trifft Saison und Einfallsreichtum.

Beim Cumpelik

Schmuckes Josefstadt-Beisl mit idealtypischer Innereienküche

Blauensteiner, Zur Stadt Paris

Wunderbares Gasthaus, nach langer Pause wieder zum Leben erweckt

8

BEIM CUMPELIK

Mascherl *und* Rüschen

Der erste Eindruck beim Betreten des „Cumpelik" ist: wie in Großmutters Nähkästchen. So sauber geordnet und fast ein bisschen rüschelig sieht es hier aus. Es ist nichts übertrieben dekoriert, aber es gibt hier ein Mascherl, da einen Blumenstrauß (oder zwei oder drei ...). Das ist keins der typischen Männerwirtshäuser, hier spürt man eine weibliche Hand. Zurückhaltend aber das Ganze, keine Laura-Ashley-Ästhetik. Sehr hübsch, sehr gemütlich, und es passt sehr gut in die Josefstadt.

Christine Cumpelik ist die jüngere jener beiden Schwestern, die das legendäre „Gasthaus Ubl" in der Mühlgasse neben dem Naschmarkt führten. Sie fühlte vor einigen Jahren den Drang nach mehr eigenbestimmter Arbeit und setzte sich mit ihrem Mann hierher ab, übernahm den eher heruntergekommenen „Berglwirt" und putzte ihn zu einem Vorzeigelokal heraus. Das bezieht sich auf alle Bereiche: Neben der vorbildhaften Ausstattung bietet es vor allem eine klassische Wiener Küche, die in jedem Detail hochwertig und unter Verwendung entsprechender Zutaten ausgeführt wird. Wegen der Innereienküche, der vielleicht heikelsten aller Kochdisziplinen, pilgern Gäste aus ganz Wien hierher. Gekochtes Rindfleisch, Kalbs-, Rinds- oder Schweinsbraten, alles ist in idealtypischer Form vorrätig. Ein besonders auffälliges Beispiel für die angewandte Sorgfalt fanden wir im simplen gemischten Salat: Das Kraut dafür wird geschnitten, kurz gekocht und erst dann mariniert. Dieser Krautsalat ist von hierzulande unerreichter Köstlichkeit und bezeugt den löblichen Umgang, der hier mit den Ausgangsprodukten gepflegt wird. Konserven sind ebenso verpönt wie Friteusen. Und um auch den Chef ein wenig zu loben: Bier- und Weinkultur sind für ein Lokal dieser Art vorbildlich.

AO

□ BEIM CUMPELIK, Buchfeldgasse 10, 1080 Wien
Tel.: 01/403 25 20, Mo.–Fr. 11–14.30, 18–23 Uhr

Fotos: Peter M. Mayr

BLAUENSTEINER, ZUR STADT PARIS

Unsichtbar renoviert

Das Gasthaus „Blauensteiner, Zur Stadt Paris“ verfügt dank Heimito von Doderer über literarische Ehren. Und jetzt zum Glück auch wieder über kulinarische. In seiner Erzählung *Ein anderer Kratki-Baschik* setzte Heimito von Doderer dem Gasthaus „Blauensteiner, Zur Stadt Paris“ ein literarisches Denkmal. Das machten Wiener Autoren gerne und oft, niemand aber öfter als Doderer, an die 40 verschiedene identifizierbare Wiener Lokale wurden von Spezialisten gezählt, das „Blauensteiner“ war jedoch das einzige, das überlebte.

Und zwar, indem das schöne, alte Gasthaus mit dem hohen Plafond bis in die 90er Jahre als beliebte Absturz-Hütte von Wiens intellektueller und kreativer Szene sowie deren Epigonen diente. Dann war das Gasthaus 15 Jahre lang geschlossen, sein eindringliches Hubertusbräu-Schild über der Türe prangte quasi blind in Richtung Zweierlinie, immer wieder tauchten schauerliche Gerüchte auf, dass das langsam verfallende Traditionslokal von amerikanischen Espresso-Ketten, Burger-Machern, von Supermärkten oder dergleichen übernommen werde. Wurde es aber nicht, Franz Blauensteiner wartete einfach ab, dass die Richtigen kämen. Und die kamen in Person von Erich Lentsch, der in den frühen Jahren des „Steirerecks“ unter Helmut Österreicher kochte, von Baumeister Erich Langsteiner und von Gerhard Gutruf, akademischer Maler, der intensiv daran arbeitete, dass man dem renovierten „Blauensteiner“ seine Renovierung nicht bis kaum ansieht.

Die Übung ist jedenfalls gelungen. Das Hubertus rinnt seit Frühsommer 2009 wieder aus den Zapfhähnen der herzerfrischend schönen Schank, sogar in doppelter Ausführung, das Gulasch ist schlichtweg grandios (Lentsch erklärt es mit der Größe des Topfs). Den Blunzenpudding nach alter „Steirereck“-Schule könne er längst nicht mehr von der Karte nehmen, meint der Koch, und auch das zarte Kalbsherz in Wurzelrahmsauce sei in Rekordtempo zum Klassiker avanciert. Mittags kocht Lentsch zwar durchaus auch mediterran bzw. ein bisschen zeitgemäß. Das wird ihm anlässlich einer gekochten Rinderbrust mit Semmelkren oder einer geschmorten Rindswade aber recht schnell verziehen. Und wenn da was Schönes wiederkommt, womit man eigentlich gar nicht mehr gerechnet hätte, dann können sogar Wiener Demut und Dankbarkeit zeigen. Also ein bisschen zumindest. Und wenn's Zungenragout oder Schweinsbauch gibt, sogar recht leicht. FH

□ BLAUENSTEINER, ZUR STADT PARIS
Lenaugasse 1, 1080 Wien
Tel.: 01/405 14 67
Mo.–Fr. 11–23 Uhr
www.gastwirtschaft-blauensteiner.at

REBHUHN

An Bord *der Arche Rebhuhn*

Oder: Warum ein Lokal, das es schon ewig gibt, auf einmal von allen geliebt wird, obwohl sich eigentlich nicht wahnsinnig viel verändert hat …

Der monumentale Fassboden, der irgendwann einmal den Eingang des „Rebhuhn"-Gasthauses bildete, ist so etwas wie ein Wahrzeichen des Schlickgassen-Grätzels. Ja, so wie die Roßauer Kaserne. Diesen Fassboden, einst mit großem Willen zu figurativem Kitsch aus tonnenschwerer Eiche geschnitzt, kennt jeder, der hier einmal wohnte oder hier zu tun hatte. Was nicht heißt, dass man das dazugehörige Gasthaus je betreten hätte, im Gegenteil, es wirkte finster, schmuddelig und schon ein bisschen obskur, eines der vielen Relikte vergangener Wiener Gasthaus-Epochen, die auf wundersame Weise überlebt hatten, ohne dass dies jemandem ein Anliegen gewesen wäre.

Das und vieles andere änderte sich aber 2004, als nämlich die junge Caroline Kargl aus Berlin nach Wien zurückkam, um das Gasthaus zu übernehmen. Eher provisorisch, wie sie dachte, da es im Zuge eines Pachtstreites wieder an ihre Eltern kam, die es von 1970 bis 1992 geführt hatten, und zumindest minimal betrieben werden musste, um die Konzession nicht einzubüßen.

Dunkler Dielenboden, eine – das ist selten – waagrecht verlaufende Lamperie, die dem langen Gastraum die Atmosphäre eines Schiffsbauches gibt, Holzbänke und massive „Luster" aus an Ketten befestigten Holzbalken – 2004 erwies sich als genau der richtige Zeitpunkt für so ein Lokal: Die Jungen fanden so etwas auf einmal cool und retro, die Alten fanden so etwas auf einmal wieder authentisch und spleenig, aus Caroline Kargls Provisorium wurde schnell etwas Fixes.

Man bekommt noch immer nicht leicht einen Platz im „Rebhuhn". Jeder Tisch ist besetzt, hoher Lärmpegel, die Luft zum Schneiden, studentisches, bürgerliches und Bohemien-Publikum mischt sich zu kompakter Homogenität, die Burschen vom Service arbeiten hart. Fleischstrudelsuppe, Schopfbraten vom Strohschwein, Schnitzel natürlich, Tafelspitz mit Kohlgemüse und Konsorten bilden die strukturelle Basis der Speisekarte, alles brav gekocht und in beachtlichen Portionen serviert, aber keineswegs Dogma. Lammschulter mit Couscous, gebackene Zucchini und gebratener Fenchel – ein bisschen ethno und reichlich Gemüse sind im Uni-Grätzl sicher kein Fehler – werden hier auch gern bestellt. Und niemand empfindet das hier als Beeinträchtigung der „Rebhuhn"-Authentizität.

FH

□ REBHUHN, Berggasse 24, 1090 Wien, Tel.: 01/319 50 58, Mo.–Fr. 11–24, Sa., So., Fei. 17–24 Uhr, www.rebhuhn.at

Fotos: Michael Reidinger

9

ALSERGRUND

Rebhuhn
Authentischer Retro-Charme für Studenten und Bohemiens

Wickerl
Alt-Wiener Beislkultur im Alsergrund

Orlik
Ein Wirtshaus wie in der guten, alten Zeit

Zum Reznicek
Frische Innereien, große Portionen und ein idealtypischer Wirt

WICKERL *Mustergültig*

Das „offizielle" Wirtshaus des Alsergrundes hat schon viel erlebt und blieb sich über die Zeiten hinweg immer treu. Toni Mörwald und Reinhard Gerer kamen früher gerne her, aber auch nicht-gastronomische Prominenz war hier in den späten 80er Jahren immer anzutreffen. Der Grund: Das Gasthaus „Wickerl" war damals einer jener Orte, an denen die Beisl-Identität eine Renaissance erfuhr, in der Patina nicht mehr als „alt" empfunden wurde und ein Beuschel nicht mehr als Arme-Leute-Essen verschrien war. Martin Lang, der seit vielen Jahren den „Stadtwirt" in der Marxergasse erfolgreich führt, zeigte hier die Charme-Dimension der Wiener Küche und der Beisl-Kultur. Das Publikum war begeistert.

Und ist es nach wie vor, denn das Konzept wurde auch von den nachfolgenden Betreibern nicht verändert: eine malerische, schon ein wenig ramponierte Schankstube mit – das ist selten – dreifärbiger Lamperie in den dezenten Farbtönen braun, oliv und schlamm, die eine oder andere Renovierungs-Sünde, aber eben auch authentische Merkmale wie der Stehtisch gegenüber der Schank oder die runde Glasvitrine. Dass das Wandgemälde – Blick auf Peterskirche und Stephansdom – irgendwann einmal so akkurat umpinselt wurde, kann man da fast schon wieder verzeihen.

Nicht zuletzt, wo sich die „Wickerl"-Küche seit jeher große Mühe gibt, das Herz des Wirtshaus-Freundes zu gewinnen: Auf der in „Gekochtes", „Gebratenes" und „Gebackenes" eingeteilten Karte findet man Unmengen von Alt-Wiener Köstlichkeiten, von klassischem Salonbeuscherl über gebackene Leber bis zu wiederentdeckten Köstlichkeiten wie dem Alt-Wiener Backfleisch von der Beiried. Sehr schön auch, dass man aktuelle Trends aufgreift, wie zum Beispiel das erfreulicherweise steigende Bewusstsein für Produktqualität und -herkunft. So etwa hat österreichisches Weiderind hier einen fixen Startplatz, z. B. als gekochte Gustostückerln mit Apfelkren und Schnittlauchsauce. Und den Hauswein in weiß oder rot gibt's natürlich, ist ja ein Beisl, zwölf Topweine, glasweise ausgeschenkt, aber eben auch. Der „Wickerl" entwickelt sich einfach weiter und bleibt dabei aber, was er ist. FH

Fotos: Michael Reidinger

WICKERL, Porzellangasse 24a, 1090 Wien,
Tel.: 01/317 74 89, Mo.–Fr. 9–24, Sa. 10–24, So., Fei. 10–16 Uhr

9

ORLIK **Alles,** ***wie es immer*** **war**

Der Herr Werner ist seit 18 Jahren hier Kellner. Als er begann, hieß das Gasthaus noch „Staudigl". Nach einem Jahr wurde es verkauft und trug dann den Namen „Schindler". Zehn weitere Jahre später übernahm es der Besitzer des „Alten Fassls" in Margareten, seither heißt es nach diesem „Gasthaus Orlik". In all den Jahren hat sich am Lokal praktisch nichts verändert: Das Kühlhaus hinter der Schank stammt aus 1942, die Einrichtung des Schankraums aus 1957, das Extrazimmer (Nichtraucher!) ist aus der 2. Resopalperiode und der große Schanigarten schräg gegenüber dem Nebeneingang des Franz-Josef-Bahnhofs war vermutlich, bis auf den Beton darunter, schon im Gründungsjahr 1928 nicht anders. Außer Herrn Werner ist auch noch der Koch ein Relikt aus der „Staudigl"-Ära, das restliche Personal wurde halt mit der Zeit ein bissel modernisiert. Beinahe ganz gleich geblieben ist auch die Speisekarte. Alle Wiener Standards sind vertreten, die faschierten Laibchen, das gekochte Rindfleisch, der Schweinsbraten (vom Schopf, mit Natursaft, Erdäpfelknödel und warmem Krautsalat), große Schnitzel und, und, und. Dazu ein paar alte Hausspezialitäten wie ein recht gigantisches Waldviertler Knödelreindl oder ein – Sie lesen richtig – indisches Truthahngeschnetzeltes mit Butterreis („Wird sehr gern genommen", sagt Herr Werner), das es auch schon im „Staudigl" gab. Als Nachspeise gibt es vier verschiedene Sorten Palatschinken. Selbst die Preise wirken wie aus alten Zeiten, lediglich der Zwiebelrostbraten übersteigt die 10-Euro-Marke.

Alles also so, wie es immer schon war. Nur die Eisenbahner, die hier früher ihre Dienstpausen überbrückten, sind viel weniger geworden, seit die ÖBB vor einigen Jahren begonnen haben, bei ihren Angestellten vor Dienstantritt Alkoholkontrollen vorzunehmen. AO

ORLIK
Spittelauer Platz 1, 1090 Wien
Tel.: 01/317 21 04, Mo.–Fr. 10–22 Uhr

9

Fotos: Michael Reidinger

ZUM REZNICEK *Fan*lokal

Eigentlich ein typisches, unauffälliges Beisl in einer ruhigen Seitengasse im Lichtental, hat der „Reznicek" eine große Fangemeinde, die seinen Ruhm auch im Internet (z. B. über speising.net) verbreitet. Er gründet nicht zuletzt auf dem fulminanten Innereienangebot, dem sich der Wirt und Koch Herbert Prockl mit Hingabe und großer Kompetenz widmet. Das führt indirekt dazu, dass es die gelobten Nierndln, Lebern, Hirne, Bruckfleische und so weiter hier nur dienstags gibt; denn ein gewissenhafter Koch verarbeitet Innereien nur schlachtfrisch. Folglich ist an Dienstagen auch eine Tischreservierung dringend anzuraten. Gleiches gilt für die Zeit rund um Martini, denn die Fangemeinde reklamiert für Herrn Prockl auch die Ehre, Wiens beste Gänse zu servieren.

Prockl ist schon in seiner äußeren Erscheinung ein idealtypischer Wirt, mit ordentlichem Embonpoint und gezwirbeltem Schnurrbart, und wenn er in seiner Kochjacke mit den Gästen ernsthaft Schmäh führt, könnte man glauben, er sei einem Film entstiegen. Zu seinen inneren Werten gehört ein tiefes Wissen um die Geheimnisse der alten Wiener Küche und die oben erwähnte Gewissenhaftigkeit, die dazu führt, dass er nur beste Qualität einkauft, die er komplett selbst verarbeitet – will heißen, dass ihm keine Convenienceprodukte in die Küche kommen. Alles hier ist selbst gemacht, und das schmeckt man.

Bemerkenswert ist auch Prockls Weinkennerschaft. Hier findet man Erzeugnisse von Winzern, die in der übrigen Gastronomie kaum bis gar nicht vertreten sind (Pretterebner!). Das Bier ist aus Schwechat und widerlegt auch hier das alte und längst unbegründete Vorurteil, das vielerorts gegen dieses Traditionsbräu gehegt wird.

Richten Sie beim Eintreten Ihre Aufmerksamkeit wenigstens kurz auf die Schank und das darüber schwebende Schirmdach. Es stammt aus den 1950er Jahren und von der legendären Firma Riebl, die für den Stil vieler der damals aus dem Boden schießenden, „modernen" Espressos verantwortlich zeichnete. AO

□ ZUM REZNICEK
Reznicekgasse 10, 1090 Wien
Tel.: 01/317 91 40
So.–Fr. 12–23 Uhr

NOCH MEHR WIENER KÜCHE

Zwischen Neubau und Alsergrund findet man gepflegte Edelbeisln, traditionelle Gastwirtschaften und jede Menge gutbürgerliche Klassiker.

Glacisbeisl

Beim Novak

Richtergasse 12, 1070 Wien
Tel.: 01/523 32 44
Küche: Mo.–Sa. 11.30–14.30 und ab 18 Uhr, Fei. ab 18 Uhr
www.beimnovak.at

Edelbeisl mit großem Bemühen um zeitgemäße Wiener Küche (parallel dazu wird ein mediterranes Programm offeriert). Innenhofveranda, elegantes Ambiente.

Zur Stadt Krems

Zieglergasse 37, 1070 Wien
Tel.: 01/523 72 00
Küche: täglich 11–24 Uhr
www.zur-stadt-krems.at

Traditionsgastwirtschaft unter neuer Führung mit bewährtem alten Ambiente. Aus der Küche kommen einerseits Wiener Klassiker mit Tiefgang, andererseits international angehauchter Mainstream.

Glacisbeisl

im Museumsquartier
Breite Gasse 4, 1070 Wien
Tel.: 01/526 56 60
Küche: 12–23.15 Uhr
www.glacisbeisl.at

Dahinter ist nicht daneben: Das „Glacisbeisl" liegt zwar mehr im Hintergrund des MQ-Gefüges, strahlt dafür aber souveräne Ruhe aus. Wunderschöner schattiger Garten, versiert gemachte Wiener Küche und feine Weinauswahl.

Schreiners Gastwirtschaft

Westbahnstraße 42, 1070 Wien
Tel.: 01/990 37 83
Küche: Mo.–Fr. 18–22 Uhr
www.schreiners.cc

Sympathisches Vorstadtgasthaus mit wunderbarem Innenhofgarten, modern verfeinerter österreichischer Küche aus hochwertigen Zutaten (Rindfleisch vom Rhabek in Puchberg am Schneeberg!) und beeindruckender Weinauswahl. Und für alle, die hier gar nicht mehr weg wollen, haben die netten Wirtsleute fünf Gästezimmer eingerichtet.

Schnattl

Lange Gasse 40, 1080 Wien
Tel.: 01/405 34 00
Küche: Mo.–Fr. 18–23 Uhr
www.schnattl.com

Eine der besten Adressen in der Josefstadt, mit hübschem Innenhof. Neben der großen, internationalen Restaurantküche vergisst Wilhelm Schnattl nicht auf die feine Wiener Klassik, und das ist sehr gut so.

Heidenkummer

Breitenfelder Gasse 18,
1080 Wien, Tel.: 01/405 91 63
geöffnet: So.–Fr. 8–24 Uhr
www.heidenkummer.at

Günstiges, gutbürgerliches Eckbeisl mit anständiger Bier- und Weinauswahl. Innereienliebhaber kommen hier bei Rahmherz oder Beuscherl ganz auf ihre Kosten.

Servitenstüberl

Servitengasse 7, 1090 Wien
Tel.: 01/317 53 36
Küche: Di.–Fr. 11–22 Uhr
www.servitenstueberl.at

In den holzlastigen Gaststuben oder im Schanigarten unter Lindenbäumen wird hier direkt neben der Servitenkirche zu Wiener Gasthausklassikern wie gefüllten Paprika, Eiernockerln oder Tafelspitz Eigenbauwein kredenzt.

Schnattl

Zur Goldenen Kugel

Lazarettgasse 6,
1090 Wien
Tel.: 01/405 83 63
Küche: 11.30–22 Uhr

In unmittelbarer Nähe zum AKH gelegenes, gemütliches und traditionsreiches Edelbeisl, in dem genau solche Gerichte in mustergültiger Qualität serviert werden, die man sich an einer solchen Adresse erwartet: von Erdäpfelgulasch über Innereien bis zu gekochtem Rindfleisch und natürlich Gebackenem. Gepflegte Bier- und Weinkultur.

Fotos: Alexi Pelekanos, PR

10

FAVORITEN

Zum Werkelmann
Uriges Heurigen-Gasthaus im Böhmischen Prater

Meixner's Gastwirtschaft
Familiäre Gasthausoase im gastronomischen Niemandsland

ZUM WERKELMANN

Vollbetrieb *nach 28 Jahren* Ruhetag

Das Heurigen-Gasthaus „Zum Werkelmann“ ist wohl das kulinarische Kompetenzzentrum des Böhmischen Praters. Und seinem Namen wird es außerdem gerecht. Der Böhmische Prater – sehr viel nostalgischer geht es kaum, nicht einmal im tendenziell ohnehin recht nostalgisch veranlagten Wien wird man viele Orte wie den kleinen, ein bisschen vergessen wirkenden Böhmischen Prater im Laaer Wald am Laaer Berg finden. Kleine Ringelspiele, kleine Schießbuden, kleine, alte Autodrome, weit entfernt vom grellen Hochtechnologie-Entertainment des „großen“ Praters.

In früheren Zeiten gab es im Böhmischen Prater zahlreiche Gasthäuser, Heurige und Labestationen, sie waren die eigentliche Attraktion, nicht wenige davon waren aus den Schenken entstanden, an denen sich die böhmischen Ziegelarbeiter, die den Baustoff für Wiens Gründerzeithäuser brannten, stärkten. Und eines davon war der „Hutter“, der hier seit der Jahrhundertwende Speisen und Getränke verabreichte und zwar bis Ende der 50er Jahre, dann machte das Gasthaus zu und drohte – ein bisschen wie der gesamte Böhmische Prater – zu verfallen. 1986 beschloss Wolfgang Geissler das Gasthaus, das seine Großmutter 28 Jahre zuvor zugesperrt hatte, zu renovieren, mit einem „Werkelmuseum“ mit diversen antiquarisch-akustischen Schaustücken auszustatten und vor allem den Herd wieder anzuheizen.

Der „Werkelmann“ ist ein typisches Heurigen-Gasthaus im Stil der 80er Jahre, in dem Grillhendl, Surstelze, Schnitzeln und Bauernschmaus die tragenden Rollen spielen. Man lässt hier aber auch die böhmische Tradition nicht ganz außer Acht. Den wunderbaren Sarmakrautrouladen, die sich im „Werkelmann“ rasch zum Klassiker entwickelten, den böhmischen Fleischknödeln und auch den Palatschinken oder Powidltascherln widmet sich die „Werkelmann“-Küche mit Hingabe. Bei den Getränken tendiert Wolfgang Geissler dann wieder mehr in Richtung ostösterreichische Trinkkultur: Die Weinkarte ist beachtlich, einige Topweingüter sind mit Schank- und Bouteillen-Wein vertreten. FH

ZUM WERKELMANN
Böhmischer Prater
Laaer Wald 218, 1100 Wien
Tel. 01/688 71 06
Mo.–Fr. 11–23, Sa., So., Fei. 10–23 Uhr
(Wintersperre 20. 12. 2010–10. 3. 2011)
www.werkelmann.at

Fotos: Erich Reismann

Favoritner *Favorit*

Ein Gourmetführer schrieb vor einigen Jahren, es handle sich hier um den „Prototyp eines sympathischen Vorstadtgasthauses". Wäre es so, Wien wäre das Schlaraffenland. – Nun, vielleicht ist es das ja. Der „Meixner" ist jedenfalls besser als fast alle „typischen Wiener Vorstadtgasthäuser". Das liegt daran, dass die Wirtsleute hier nicht nur ambitioniert sind, sondern weit über ihren Tellerrand hinausblicken und sich auch von Spitzengastronomen das eine oder andere abschauen. Man spielt hier nicht in der Beislklasse. Allerdings auch nicht in jener, in der die Gäste die Nase rümpfen, wenn um die Theke herum ein paar Achteltrinker stehen.

Dieses Gasthaus oder eher Restaurant ist schon seit vielen Jahren eine Anlaufstelle nicht nur für das bessere Publikum aus der Gegend, nein, Feinschmecker aus ganz Wien scheuen nicht den Weg ins tiefe Favoriten, um hier zu essen. Dazu trägt das qualitativ hochwertige Wein- und Getränkeangebot das Seine bei, aber gut, halbwegs einen Wein bekommt man ja in allen Bezirken. Nein, die Mischung macht's: der Charakter des Lokals als gutbürgerlicher Entspannungsort, der unaufdringliche und kompetente Service, vor allem aber die Küche der Hausherrin. Die Preise sind für den zehnten Hieb nicht unstolz, aber auch nicht prohibitiv. Und die Qualität des Ausgangsmaterials kann sich mit jener in der absoluten Spitzengastronomie messen. Würste, Schinken u. Ä. kommen aus der Produktion des Bruders der Wirtin, einer gebürtigen Kärntnerin. Hier wäre übrigens auch der Ort, an dem der ansonsten Furchtsame risikolos Kutteln probieren kann. Das Angebot greift über die traditionellen Wiener Standards weit hinaus und ist ausgesprochen saisonorientiert. Was die Getränke anlangt, vertraut man am besten dem Hausherrn, der für alle Gerichte die beste Begleitung weiß.

AO

Fotos: Erich Reismann

MEIXNER'S GASTWIRTSCHAFT Buchengasse 64, 1100 Wien
Tel.: 01/604 27 10, täglich 11.30 Uhr bis der Letzte geht (Küche bis 22 Uhr)
www.meixners-gastwirtschaft.at

Die *A la Carte* **Bookazines**

Die *A la Carte*-Bookazines vereinen die Vorzüge eines aktuellen Magazins mit der Hochwertigkeit eines opulenten Buches: also entsprechende Ausführlichkeit, tolle Haptik durch hohe Papiergrammatur und lackierten Umschlag. Die *English Summary* macht die einzelnen Ausgaben auch für internationale Leser interessant. *A la Carte*-Abonnenten erhalten die Bookazines im Rahmen ihres Abos gratis per Post geliefert.

SO ISST WIEN

Alles über Geschichte, Gegenwart und Zukunft der Wiener Küche. Die besten Adressen für Schnitzel, Gulasch, mediterrane und asiatische Küche. Porträts aller Protagonisten wie Ewald Plachutta, Reinhard Gerer, Heinz Reitbauer.

A la Carte – So isst Wien, ISBN 978-3-902469-18-2, € 16,–

DAS SÜSSE WIEN

Die besten Kaffeehäuser, alle wichtigen Shops für Schokoholics, Bäckereien, Top-Patissiers, die legendärsten Konditoreien, süße Einblicke bei Demel, Manner und Sacher. Die ultimativen Rezepturen für Apfelstrudel, Buchteln, Kaiserschmarren und Palatschinken.

A la Carte – Das süße Wien, ISBN 978-3-902469-20-5, € 16,–

SZENE WIEN

Geschichten über Frühstückslokale, Bars, Szene-Treffs, Nightclubs, Weinbars, Open-Air-Treffs und die wichtigsten Grätzln der Stadt. Porträts der Szenepioniere und der wegweisenden Architekten der besten Lokale.

A la Carte – Szene Wien, ISBN 978-3-902469-23-6, € 16,–

WIENER MÄRKTE

A la Carte porträtiert Wiens Frische-Inseln mit all ihren charismatischen Protagonisten und den Geheimtipps im umfangreichen Warenangebot. Selten sonst bekommt man Waren frischer und dazu gibt's auch gleich noch eine Dosis Warenkunde samt Wiener Schmäh als gratis Draufgabe.

A la Carte Wiener Märkte, ISBN 978-3-902469-27-4, € 16,–

SO SCHMECKT BURGENLAND

Das Burgenland ist eine kulinarische Schatzkammer ersten Rangs. *A la Carte* präsentiert die besten Geheimtipps rund um den Neusiedler See, mit Porträts von qualitätsbewussten Produzenten und Gastronomen. Selbst Kenner werden das Land der Sonne neu entdecken.

A la Carte – Burgenland, ISBN 978-3-902469-25-0, € 12,–

Mail an: bestellen@alacarte.at oder Telefon: +43/(0)1/740 77-838 www.alacarte.at

BARBANEK

Der Gansl-*Tempel*

Das Gasthaus „Barbanek“ erlangte in den 1980er Jahren wienweite Berühmtheit für die Qualität der zu Martini gebotenen Gänse. Ein Cousin des Wirten züchtete diese nach den Vorstellungen des Hauses, und Wiens verwöhnteste Gaumen wurden von ihren Besitzern eigens für diesen Genuss ins tiefste Simmering verfrachtet, wo sich passenderweise in der Fuchsröhrenstraße Fuchs und Gansl gute Nacht sagen.

Mittlerweile hat die nächste Barbanek-Generation das Regiment übernommen, die familieneigene Gänsezucht gibt es nicht mehr, aber der Qualitätsanspruch ist derselbe geblieben. Und auch heute noch sollte man für Martini sehr, sehr rechtzeitig reservieren. Die Speisekarte ist klein, aber überraschend saisonal ausgerichtet und daher sehr abwechslungsreich, die Zubereitungen sind traditionell, aber mit einem gewissen Pfiff. Gebratene Lammkoteletts werden etwa mit Schafkäse kombiniert, Steaks mit Chilibohnen; in der Wildsaison findet man neben den üblichen Verdächtigen schon auch einmal eine Gams oder einen Steinbock auf der Karte. Die Produktqualität ist erstklassig, was vor allem für Innereienfreunde von größter Wichtigkeit ist. Sie finden hier neben Nierndln, Hirn und Leber das selten gewordene Bruckfleisch, das, der Saucenfarbe nach zu schließen, hier auf traditionelle Weise auch mit Blut gebunden wird. Das Weinangebot ist klein und prunkt nicht mit großen Namen, aber es ist kompetent ausgesucht und ergänzt die bodenständige Küche sehr ordentlich.

Wer noch nie hier war, sollte vor der ersten Anreise den Stadtplan gut studieren. Das alleinstehende, idyllisch wirkende Gasthaus liegt wie am Ende einer Dorfstraße, wenn nicht die nahe U-Bahn-Station und die Silhouette des neuen Stadtviertels rund um die Gasometer wären, würde man glauben, man sei auf dem Land. AO

□ BARBANEK, Fuchsröhrenstraße 13, 1110 Wien, Tel.: 01/749 21 18, Do.–Mo. 9–23 Uhr (Küche 11–14, 17–21 Uhr)

11

SIMMERING

Barbanek
Saisonales mit Pfiff am Wiener Stadtrand

Stern
Wunderbares Gasthaus, das seinen kulinarischen Bildungsauftrag erfüllt

Weinhaus Hochmayer
Ganz wie früher: Wiener Arbeiterkost im originalgetreuen Weinhaus

Fotos: Philipp Horak

11

STERN *Ein* Stern *ist aufgegangen*

Manchmal sollte man ja glauben, dass sich ein wunderbares, altes Gasthaus nicht mehr verbessern ließe. Der junge Christian Werner zeigte, dass das sehr wohl möglich ist. Er wolle Dinge kochen, die er selbst gerne esse, sagt Christian Werner. Und da hat man dann Glück, dass dem jungen Mann, der immerhin schon im „Sacher" und im „Palmenhaus" kochte, der Sinn jetzt trotzdem nach in Schmalz gebackenem Schopfbratenschnitzel, nach Beinfleisch mit Semmelkren oder Nierndl mit Ei steht.

Werner übernahm vor zwei Jahren das Gasthaus „Pistauer-Pöplitsch", ein Zentrum traditioneller Simmeringer Lebenskultur und -freude, ein wunderschönes, großes Gasthaus, das keine Fragen offen ließ. Das „Pistauer-Pöplitsch" konnte immer schon das, was nur gute Gasthäuser können: einen normalen Ort zu einem schönen Ort machen. Unmittelbar um das Gasthaus herrscht dörfliche Lieblichkeit, nur hundert Meter entfernt sind die Gemeindebauten grau, die Industriebauten groß und die Straßen laut und grell. Gerade hier vermittelt die Braunhubergasse noch den Eindruck einer kleinen Allee-Oase, hier ist noch alles in Ordnung.

Christian Werner stammt aus einer Simmeringer Wirtsfamilie, hier ein eigenes Gasthaus zu haben, empfand er gewissermaßen als Auftrag. Er übernahm das schöne „Pistauer-Pöplitsch" aber nicht nur, er renovierte auch ganz vorsichtig, legte den alten Holzboden wieder frei und versuchte ein paar Eingriffe vergangener Jahrzehnte ungeschehen zu machen. Auch in der Küche fährt er eine interessante Kombination aus Tradition und Innovation: Er führt eine eigene Innereienkarte mit nicht weniger als 13 Positionen, auf der etwa von Kuttelsuppe, Kalbsleber, Kalbshirn, Beuschel und sogar von Bruckfleisch zu lesen ist, und zwar alles vom Biokalb. Auch das Rindfleisch in seinen traditionellen Erscheinungsformen Tafelspitz, Schulterscherzel oder Beinfleisch kommt vom heimischen Biorind, bei den Beilagen hat man die Wahl zwischen archetypischen Klassikern von Erdäpfelschmarren über Cremespinat bis Semmelkren. Und dann ist da der Fisch, Christian Werners heimliche Leidenschaft. Hier gibt er sich mit der Wiener Tradition des Panierfisches am Freitag nicht zufrieden, er erkannte seinen Bildungsauftrag. Und genießt, dass seine Gäste den gerne angenommen haben, in Form von steirischem Zander, kreolischer Fischsuppe oder Goldbrasse mit Limettenreis. Das Publikum ist begeistert, ein Platz mittlerweile gar nicht mehr leicht zu bekommen. FH

□ STERN, Braunhubergasse 6, 1110 Wien
Tel.: 01/749 33 70, täglich 9–23 Uhr, www.gasthausstern.at

WEINHAUS HOCHMAYER

Ein Haus, *mein Haus,* das Weinhaus

Das „Weinhaus Hochmayer" erzählt von lang vergangenen Zeiten, als man beim Gedanken ans Pulkautal noch Fernweh bekam und die Wände noch von Gemälden statt Flatscreens geziert wurden. Der Begriff „Weinhaus" ist schon ein bisschen in Vergessenheit geraten und stammt noch aus einer Zeit, als sich die Wiener Alltagsgastronomie in zahlreiche Kategorien und Abteilungen untergliederte. Beisl, Gasthaus und Wirtshaus waren zu diesen Zeiten keinesfalls ein und dasselbe, jedes suggerierte eine spezielle Anmutung, ein spezielles Angebot und auch ein spezielles Publikum, die Rolle des Weinhauses war es, einen direkten Bezug zu einem Weinbaugebiet und dessen flüssigen Produkten vorzuweisen, sehr einfache Gerichte oder Jause zu servieren und primär Männern – nicht selten Pendlern oder Zugezogenen aus den Provinzen, die auch den Wein lieferten – Obdach und Verpflegung zu bieten.

Weinhäuser gibt es in Wien heute kaum noch, insofern ist es dem „Weinhaus Hochmayer" nicht nur so hoch anzurechnen, dass es so wunderschön und so unglaublich originalgetreu erhalten ist, sondern dass es überhaupt noch existiert. Denn das „Hochmayer" ist absolut und immer noch genauso wie früher, irgendwann in den 20er Jahren: Das niedrige und etwas schummrige Gewölbe mit feinen Blümchen bemalt, das massive Mobiliar aus unzerstörbarem Eichenholz, die Tische mit Resopal für immer vor Alterung bewahrt, die Registrierkasse wurde wohl nicht erst einmal auf eine neue Währung umgestellt, sondern eher viermal, in der Vitrine werden – wie sich's gehört – Würste, Sauergemüse und Mannerschnitten ausgestellt, der Boden ist aus Holz, der Ofen grün gekachelt, die Preistafel hängt nicht zur Zierde da, sondern kündet vom aktuellen Angebot. Das aus äußerst deftiger und sättigender Wiener Hausmanns- oder eher Arbeiterkost besteht, die aber rasch vergriffen ist, vor allem, wenn es sich um zeitlose Favoriten des Wiener Gaumens wie Faschierten Braten handelt. Dazu gibt es Weine, die auch tatsächlich aus Hadres im Pulkautal stammen, wo die Familie Hochmayer nämlich Weingärten unterhält, deren Früchte in die Genossenschaft geliefert und mit Schankwein im entsprechenden Ausmaß abgegolten werden.

Ein Extrazimmer (einen Salon mit skurrilen Wandmalereien) gibt es auch hier, und irgendwie hat man das Gefühl, es wird ein bisschen geschont. Das ist gut, denn so hält es vielleicht noch 90 Jahre.

FH

□ WEINHAUS HOCHMAYER, Simmeringer Hauptstraße 42, 1110 Wien
Tel.: 01/749 17 68, Di.–Fr. 8.30–21, Sa., So. 8.30–13 Uhr

Fotos: Philipp Horak

12

MEIDLING

Goldmarie
Kulinarische Wiener Bodenständigkeit trifft zeitgemäße Leichtigkeit.

Stafler
Schlicht und schön, und mit Küchengruß aus Südtirol

GOLDMARIE

Kein Märchen, ganz echt

Ein Gasthaus mitten im kulinarischen Niemandsland rund um die Philadelphia-Brücke erweist sich als verzauberter Ort mit reichlich Initiativkraft. Bekannt und berühmt sei das Lokal als „Gasthaus Peschl" mit dem Untertitel der „Singenden Wirtin" gewesen, erzählt Barbara Kalmar, die junge Frau mit dem Kopftuch, die hier seit 2005 die Küche schupft. Die „Singende Wirtin" ist aber lange vorbei, heute wird hier eher Rhythm & Blues gespielt, auch die zwischenzeitliche Phase als „Gastwirtschaft Mühl" ging vorüber, 2004 wurde als „Goldmarie" wieder neu aufgesperrt. Nach einem Jahr übernahmen dann die drei Service-Mitarbeiter Barbara Kalmar, Martin Tzolov und Armin Weidner das wunderschöne Gasthaus.

Man könnte hier von zwei Sphären sprechen, die in der „Goldmarie" nebeneinander existieren und einander nur unwesentlich berühren: der beeindruckende und nicht wirklich der Wiener Gasthaustradition entsprechende Hofgarten mit zartem Teakholz-Mobiliar, wucherndem Grün und wettergeschützen Arkaden, in denen der Stil des „inneren" Gasthauses ein bisschen fortgesetzt wurde. Was insofern interessant ist, als es sich dabei nämlich um dunkles, altdeutsches Mobiliar handelt, sehr viel Holz, dunkles Holz am Boden, dunkles Holz an den Wänden und dunkles Holz vor allem auch zwischen den einzelnen Gaststuben, unterbrochen nur durch Milchglas, in das pittoreske Weintrauben gefräst wurden.

Dieses altmodische (im positiven Sinne) Interieur ist umso kurioser, als die drei Betreiber überhaupt nicht dieser Wesensart entsprechen. Und daher auch Wiener Bodenständigkeit mit zeitgemäßer Leichtigkeit kombinieren, mühelos und unkompliziert, das Schnitzel aus der Butterschmalzpfanne, das Salonbeuscherl und die Rindsuppe scheinen sich neben Zwiebelkuchen mit Radieschen-Tsatsiki, Zitronenpolenta oder in Rotwein geschmortem Schweinsfilet nicht unwohl zu fühlen. Die Meidlinger sind jedenfalls dankbar für die „Goldmarie", der Stammgästeanteil ist enorm, der Anteil der strahlenden Gesichter beim Verlassen des Gasthauses überproportional hoch. FH

Fotos: Philipp Horak

GOLDMARIE, Hoffmeistergasse 7, 1120 Wien
Tel.: 01/817 01 58, Mo.–Fr. 11.30–15, Mo.–Sa. 18–24, So. 10–23 Uhr, www.goldmarie.at

12

STAFLER

Ein frommer *Wunsch*

Das Gasthaus „Wunsch" war Zeit seines langen Bestehens ein Geheimtipp für Freunde der besonders unverfälschten Beisl-Kultur. Vor einem Jahr wurde das Lokal neu übernommen – und blieb, was es war. Es war einmal das Gasthaus „Wunsch", versteckt in einer Gasse im grauen Zentrum Meidlings, nur von denen zu finden, die es auch wirklich finden wollten. Das Gasthaus „Wunsch" war klein, schlicht und wunderschön, der Holzboden, die Bretschneider-Schank, die Lamperie waren stets gepflegt, poliert, in Topform. Man merkte, dem Herrn Wunsch ist sein Gasthaus ein Anliegen, ein Wirt aus Berufung und Überzeugung.

Die Familie Stafler-Lesigang wohnte ums Eck, besuchte das sympathische Beisl gerne und oft, und wenn sie jemals ein Wirtshaus haben würden – dachten sich der Raumplaner und die Journalistin –, dann genau so eines. Und es kam, dass der Herr Wunsch irgendwann doch einmal in Pension ging, die Staflers überlegten nur sehr kurz – und wurden Wirte.

Besonders erstaunlich war vorerst die Akribie, mit der die Quereinsteiger das ohnehin akkurate Gasthaus noch besser in Form brachten – man experimentierte mit Holzpflegemitteln, um die Wärme der gereiften Lamperie und die Tiefe des gut eingegangenen Holzbodens noch besser zur Geltung zu bringen, man entfernte das bisschen Zierrat, das sich angesammelt hatte, um die schlichte Schönheit der Gebrauchsarchitektur noch deutlicher zu machen. Es gelang außerordentlich gut. Dass diesem Lokal sehr viel Liebe und Aufmerksamkeit zuteil wird, sieht man immer noch. Und das Lokal, vermeint man zu spüren, fühlt sich dabei wohl.

Die Identifizierung mit dem Gasthaus geht sogar so weit, dass Georg Stafler seinen Job aufgab und sich in die Küche stellte, wo er sich – er stammt aus einer großen Südtiroler Gastronomenfamilie – sowohl an der Wiener Klassik mit Mut zur Basis versucht als auch an Gerichten aus seiner Südtiroler Heimat, eine durchaus sympathische und vor allem ungewöhnliche Kombination. Sterzinger Speck, steinhartes Schüttelbrot, Stravecchio-Käse und Lagrein dunkel – keineswegs ein Widerspruch. „Hat ja alles einmal uns g'hört", wie der Wiener in solchen Fällen meist zu sagen pflegt.

FH

Fotos: Philipp Horak

□ STAFLER, Ehrenfelsgasse 4, 1120 Wien, Tel.: 01/815 62 35, Mi.–Sa. 10–23, So. 10–15 Uhr, www.stafler.at

NOCH MEHR WIENER KÜCHE

Speisen im Schloss und genießen im Gasthaus: weitere empfehlenswerte Beisl-Adressen von Favoriten bis Meidling

Weinhaus Aellig

Quellenstraße 65, 1100 Wien
Tel.: 01/604 42 51,
geöffnet: Mo.-Fr. 8–23, Sa. 9–14 Uhr

Hier pflegt man eine besonders traditionelle, qualitätsbewusste Wiener Küche, fast edel im Vergleich mit den meisten Lokalen der Nachbarschaft. Im Gastraum neben der Schank zeigt sich gern die Favoritner Volksseele, an der Budel geht es mitunter lautstark zur Sache. In der Küche hingegen herrscht ein erfolgreiches Streben nach Harmonie, und das feine Essen beruhigt dann auch die aufgebrachtesten Magennerven.

Der Ringsmuth

Johannitergasse 1, 1100 Wien
Tel.: 01/603 18 35
Küche: Di.–Sa. 11–22 Uhr
www.der-ringsmuth.at

René Ringsmuth, der schon unter Helmut Österreicher im „Steirereck" gekocht hat, übernahm das alte Favoritner Wirtshaus seiner Eltern, rüstete es zeitgemäß um und serviert nun eine wunderbare, verfeinerte bodenständige Küche.

Gasthaus zum Friedhof der Namenlosen

Albern 54, 1110 Wien
Tel.: 01/769 39 71,
Küche: Fr.–Mi., Fei. ab 11 Uhr (bis abends, je nach Wetter)

Für viele ein Kultwirtshaus: wegen der Lage neben dem Friedhof der Namenlosen, der Anfahrt durch die Alberner Hafen-Anlage und auch, weil alles noch irgendwie so ist, wie es wahrscheinlich schon vor 20 Jahren war.

Gaststätte Pistauer

Ravelinstraße 3, 1110 Wien
Tel.: 01/767 25 10
Küche: täglich 9–22 Uhr
www.pistauer.at

Groß – größer – Pistauer. Das alte Simmeringer Gasthaus mag es überdimensional, das reicht von den Räumlichkeiten über die Gastgärten (!) bis zu den Portionen. Da wird etwa beim „Wiener Lied für Zwei" gemischtes Gebackenes von Rind, Schwein, Pute, Leber, Champion und Gemüse mit Reis, Petersilerdäpfeln und großem Salatteller aufgetischt, und die aktuelle Wochenkarte spiegelt schön die Saison wider.

Gasthaus Haideröslein

Simmeringer Haide Parz 432G (Eingang Lindenbauergasse), 1110 Wien, Tel.: 01/769 71 70
geöffnet: Di.–Sa. 9–22.30, So., Fei. 9–20.30 Uhr

Ein angenehmes Gasthaus inmitten der Simmeringer Kleingartenidylle. Die Speisekarte macht die Wahl zur Qual, so reichhaltig ist das Angebot, vor allem an geselchten und geräucherten Spezialitäten aus der eigenen Selcherei. Großartiger Gastgarten!

Der Ringsmuth

Schloss Restaurant Thürnlhof

Münnichplatz 5, 1110 Wien
Tel.: 01/767 62 07
Küche: Di.–Sa. 11.30–22, So. 11–15 Uhr
www.schlossrestaurant-thuernlhof.at

Angenehmes und freundliches Gasthaus im hübsch renovierten Schlösschen, mit Prachtgarten, Kinderspielplatz und Hundestation. Nach dem Napoleon-Museum genießt man hier im historischen Rahmen bevorzugt Omas Backhendl, Salzburger Nockerl und Erfrischendes aus der schlosseigenen Bierbrauerei.

Zu den Schobers im Giersterbräu

Gierstergasse 10, 1120 Wien
Tel.: 01/813 14 71
geöffnet: Di.–Sa. 11–24, So. 12–17
www.giersterbraeu.com

Gelebte Wirtshauskultur mit großem Produktbewusstsein. Ganz hat man die italienische Vergangenheit nicht abgelegt, aber mittlerweile überwiegt hier die verfeinerte österreichische Bodenständigkeit. Viele Zutaten aus bäuerlicher Produktion und sehr umfassende Wein- und Bierauswahl.

Fotos: PR

WALDTZEILE

*Bahnhofs*restaurant *mit* Geschichte

Die Leute aus der Gegend sagen zu diesem prachtvollen Lokal noch immer „Schlusche“. Jahrzehntelang hatte das Restaurant unter diesem Namen einen Ruf wie Donnerhall durch ganz Wien, nicht zuletzt durch den Wirt selben Namens, der nicht nur wegen seiner besonderen Statur, sondern auch mit besonders häufiger schlechter Laune auffiel. Die verzieh man ihm als Skurrilität, dafür war die traditionelle Wiener Küche besonders gut und das Ambiente so was von schön.

Eigentlich ist das Haus ja ein Bahnhofsrestaurant, liegt es doch direkt am Bahnhof Speising. Zwar halten hier keine Fernzüge, aber die Lokalbahnen haben hier ohnehin mehr Sinn, ersparen sie dem Gast doch die Anfahrt mit dem Auto. Von der Haltestelle aus wirkt das „Waldtzeile“ wie ein hübsches Landgasthaus. Dass es urwienerisch ist, merkt man erst nach dem Eintreten. Vor über 15 Jahren, der alte Wirt war verstorben und seine Familie wollte das Lokal partout nicht zu einem Chinarestaurant werden lassen, kam ein junger Holländer mit gerade bestandener Konzessionsprüfung und übernahm den Betrieb. Er begann seine Ära mit einer neunmonatigen Schließzeit, in der das Haus behutsam instand gesetzt wurde. Es sieht heute wieder wie vor hundert Jahren aus, mit Ausnahme eines Anbaus auf der Gartenseite, in dem der Stil aber gewahrt wurde. Stilecht klassisch wienerisch ist auch die Küche von Peter Rosenberger, dem jungen Koch, der ganz auf marktfrische Produkte setzt, aber natürlich – wir sind in einer sehr konservativen Umgebung – damit keine modischen Schlenker vollführt. Immerhin, das Fischangebot ist recht originell und fein. Geworben wird aber, auch auf der Webseite, mit gekochtem Rindfleisch, Schnitzel, Gulasch und Co. Das Bier kommt übrigens aus Kärnten, und das ist durchaus ein Gewinn. AO

□ WALDTZEILE, Speisinger Straße 2, 1130 Wien
Tel.: 01/804 53 94, täglich 9–24 Uhr (Küche bis 22 Uhr)
www.waldtzeile.at

Fotos: Peter M. Mayr

13

HIETZING

Waldtzeile
Wiener Küche und Kärntner Bier in Bahnhofsnähe

Maxingstüberl
Original statt originell, deftig und großzügig portioniert

Zum lustigen Radfahrer
Blutwurst und Bruckfleisch im archetypischen Gasthausgarten

13

Seit der napoleonischen Besatzung 1805 existiert dieses Restaurant, buchstäblich in den Mauern des Schönbrunner Schlossparks untergebracht, in denen damals die Beschäftigten des Schlosses wohnten, und es dürfte an seinem Aussehen seit damals nicht viel geändert worden sein. Man betritt das Lokal von der stark befahrenen Maxingstraße aus und gerät in eine andere Welt. Die dunkel getäfelten, eher niedrigen Räume strahlen einen eigenen Charme aus. Die Einrichtung ist nicht so schnuckelig, wie man sie in einem besonders beliebten Lokal in einem der vornehmsten Bezirke Wiens erwarten würde, sondern im Gegenteil sehr urtümlich, sympathischerweise aber nicht in der aufgesetzten Rustikalität mancher „Ritterlokale", einfach original statt originell, mit Ölboden und einem alten Kamin. Geht man vom Schankraum in das im Souterrain gelegene Extrazimmer, kommt man an der türlosen Küche vorbei.

Auch sonst gibt man sich weit weniger prätentiös als die Umgebung. Beispielsweise verzichtet man völlig auf eine eigene Weinkarte und überhaupt auf Flaschenwein. Es gibt einen guten roten und einen guten weißen Schankwein, ein Murauer, ein Budweiser und Punkt. Oder vielmehr: und Apfelsaft. Der Chef und der Koch, Letzterer in einer imposanten roten Uniformjacke, bestreiten den Betrieb alleine; wenn Not am Mann ist, springt die Frau Chefin helfend ein.

Die Küche setzt nicht unerwarteterweise aufs Deftige. Es gibt besonders viele so genannte „Kleine Speisen" wie Selchfleisch mit Kren, Beef Tatar mit Toast, Schmalzbrot mit Zwiebel oder eine garnierte kalte Platte, aber lassen Sie sich vom „Kleine" nicht täuschen! Unter den Hauptspeisen ragt in mehrerer Hinsicht die Stelze für zwei hervor: qualitativ durch markante Kümmel-Knoblauch-Würzung, knusprige Schwarte und zartes Inneres, die superflaumigen Semmelknödel und das ausgezeichnete Sauerkraut, quantitativ durch dem Umstand, dass mit ihr locker eine vollzählige Familie mit hungrigen Söhnen satt zu bekommen wäre.

AO

MAXING STÜBERL
Maxingstraße 7, 1130 Wien
Tel.: 01/877 55 81
Mo.–Sa. (im Sommer auch Fr.) 11–2 Uhr
abends Wiener Musik
www.maxingstüberl.at

ZUM LUSTIGEN RADFAHRER

Gut entwickelt

Einst Ausflugsgasthaus am Stadtrand, nun ein Geheimtipp für Gasthausfreunde mitten in Ober St. Veit. Die Leute aus der unmittelbaren Umgebung würden ja grundsätzlich nicht weggehen, seufzt Wilhelm Haslinger, Radfahrer-Wirt in dritter Generation. Seit 1927 führt seine Familie das wunderschön gelegene Gasthaus, das früher sicher einmal an einer Route lag, die von Rad fahrenden Sportsleuten frequentiert wurde, die das Gasthaus gerne zur Erfrischung nutzten. Und dass das im Jahre 1887, drei Jahre nach Erfindung der Rover-Safety-Bikes mit tiefem Sattel und kettengetriebenem Hinterrad, noch für einiges Aufsehen sorgte, ist durchaus nachvollziehbar.

Aus diesen Urzeiten des „Radfahrers" ist heute zwar nichts mehr erhalten, die wunderschöne und extrem liebevoll gepflegte Stramitz-Schank ist aber sicher auch schon über ein halbes Jahrhundert alt. In den 70er Jahren wurde dann noch einmal vergrößert und modernisiert, erklärt Wilhelm Haslinger, schließlich brauchte man Platz für Veranstaltungen und Musikdarbietungen, die hier regelmäßig stattfinden.

Man könnte freilich auch einfach des Essens wegen herkommen. Denn beim „Lustigen Radfahrer" gibt's mindestens einmal pro Woche Bruckfleisch, das lässt sich Wilhelm Haslinger von seinem Fleischhauer extra machen, mit allem drin, was dazugehört, schön gewürzt, allerdings ohne Blut, weil übertreiben müsse man ja auch nicht. Auch eine eigene Karte „mit frischem Kren" gibt es, da ist von Herrlichkeiten wie Züngerl, Krenfleisch und Blutwurst zu lesen, das habe sich einfach so entwickelt, sagt Herr Haslinger.

Da sitzt man dann also in diesem großen, archetypischen Gasthausgarten, das Gasthaus im Rücken, hört die lachenden Kinder vom Spielplatz. Und es dauert gar nicht lange, bis ein Radfahrer vorbeikommt. Man winkt ihm ganz automatisch … FH

□ ZUM LUSTIGEN RADFAHRER
Rohrbacher Straße 21, 1130 Wien
Tel.: 01/877 87 39
Mo.–Do. 9–21, Fr. 9–15, 19–24 Uhr

Fotos: Peter M. Mayr

14

PENZING

Zum blauen Esel
Gehobenes Beisl mit Vorgeschichte, Grill und Kastanienbäumen

Prilisauer
Gutbürgerliche Küche im Westen Wiens

Fotos: Peter M. Mayr

ZUM BLAUEN ESEL

Gut aus*gespannt*

Dieses Lokal war schon wirklich vieles: Gegründet wurde es 1875 als Einkehrgasthof für die Kutscher, die ihre Herrschaft ins benachbarte Schloss Schönbrunn geführt hatten und hier ausspannen (dieser Begriff für „erholen" kommt tatsächlich von den Pausen, die die Kutscher sich und den Pferden gönnen durften) konnten. Nach und nach wurde aus dem Haus ein Tanzlokal, ein Kabarett – die alte Bühne gibt es im Extrazimmer noch immer –, dann wieder ein Wirtshaus, bis vor 18 Jahren wurde hier griechisch gekocht. Und jetzt ist es, nach einer eher nicht so tollen Phase, wieder ein ausgezeichnetes Gasthaus mit ordentlicher Wiener Küche. Woher der Name kommt, konnten wir nicht eruieren, vielleicht hat er etwas mit dem Zustand zu tun, in den sich die einkehrenden Kutscher hier versetzten.

Die Lage an der Verkehrshölle ist ja wenig verlockend, und man möchte kaum glauben, dass das größte Atout des Hauses sein Garten ist. Er liegt ums Eck in der Teybergasse und beherbergt einen ordentlichen Grill, in dem sommers vom Fisch über Spareribs bis hin zum Tandoori-Huhn (der Eigentümer besucht schon mal Kochkurse in Asien) alles veredelt wird, was der Gartenfreund so sucht. Das entspricht zwar nicht dem Ideal der Wiener-Küche-Puristen, aber was soll's. Unter den alten Kastanienbäumen wird gevöllert, was das Zeug hält (und das Börsel aushält; ganz billig gibt es der „Esel" nicht, aber den Witz mit dem Esel-streck-Dich wollen wir uns zumindest halb verkneifen).

Das soll nun nicht heißen, dass es im Inneren nicht gemütlich ist, ganz im Gegenteil. Die Räume wurden im alten Stil belassen und strahlen einen fast herben Beislcharme aus. Der Schankraum bekommt durch die riesige Budel in Form eines an der Kühlungsseite offenen Quadrats ein sehr charakteristisches Erscheinungsbild. Wenn nicht gegrillt wird, besticht die Küche neben den Wiener Standards mit feinen Schlenkern in die gehobene saisonale Richtung. AO

□ ZUM BLAUEN ESEL, Hadikgasse 40, 1140 Wien, Tel.: 01/895 51 27, Mo.–Sa. 18–1 Uhr (Küche bis 23 Uhr), www.blauer-esel.at

14

Fotos: Peter M. Mayr

PRILISAUER

*Best*bürgerlich

Gäbe es eine Steigerung von gutbürgerlich, hier müsste man sie anwenden. Der „Prilisauer" liegt am in den Wienerwald ausfransenden Stadtrand von Wien zwar nicht im 13., sondern im 14. Bezirk, aber in dessen Nobelviertel nahe den Otto-Wagner-Villen und dem Europahaus. Hier gibt es ausschließlich „gutes Publikum". Und das kriegt ein gutes Papperl, wenn es schon nicht zuhause isst. Ein bissel was anderes halt, als die Köchin daheim macht (oder die Hausfrau, wenn sie die Muße dazu hat), Tournedos mit Spargel und Sauce béarnaise beispielsweise, wenn gerade Saison ist.

Seit über 120 Jahren existiert diese Institution, und wir wollen sie nicht Gasthaus nennen: Das ist ein Restaurant, auch wenn der Schankraum einen sehr gasthäuslichen, altväterlichen Charme ausstrahlt. Übrigens nur mehr der Schankraum, leider. Vor über zehn Jahren wurde der um die Jahrhundertwende dunkel getäfelte, sehr typische, „Wiener Restaurant" genannte Speisesaal hinter dem Schankraum renoviert und mit hellerem Holz und bunteren Bezügen neu gestaltet. Vor fünf, sechs Jahren wurde noch ein Zubau im gleichen Stil errichtet, eine Art Salettl direkt an der Linzer Straße.

An der Küchenlinie wurde nichtsdestoweniger nicht herumgebastelt. Auf der Standardkarte findet man immer das Cordon bleu, Wiener Schnitzel (was hier selbstverständlich „vom Kalb" bedeutet), der Tafelspitz mit klassischen Beilagen oder die Somloer (hier: Somlauer) Nockerln, das alles zu Preisen, die sich die Anrainer nicht weiter überlegen müssen. Wie oben erwähnt, wird für die Tageskarte selbstverständlich nach der Saison gekocht.

Es gab früher viel mehr Lokale dieser Art, in die am Sonntag auch zahlreiche Familien kamen. Hier, im Wiener Westen, haben sich ein paar gehalten. AO

□ PRILISAUER
Linzer Straße 423, 1140 Wien, Tel.: 01/979 32 28, www.prilisauer.at
Di. 16–24, Mi.–So. 10–24 Uhr (Küche bis 22 Uhr)

EDITION A LA CARTE

ANDI & ALEX
Kochen mit Andi & Alex
Preis: € 25,–

DAS PFEFFERSCHIFF KOCHBUCH
Rezepte aus der Kreativschmiede
Preis: € 39,90

ANDREAS WOJTA
Meine Wiener Küche
Preis: € 25,–

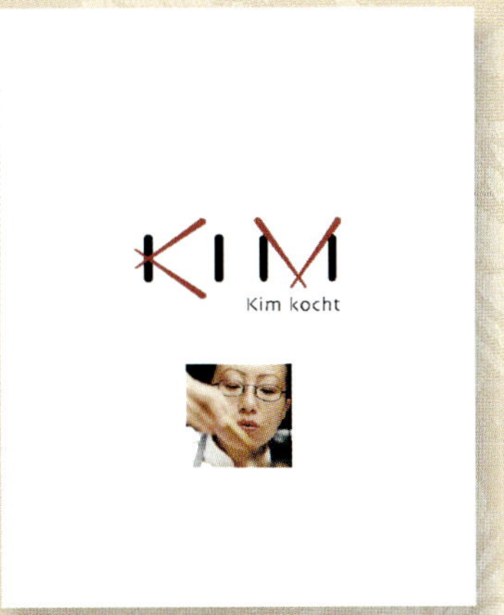

SOHYI KIM
Kim kocht
Preis: € 24,90

GESCHMACK verbindet
Kochen mit Sojasauce
Preis: € 16,90

ANDREAS DÖLLERER
Das Neue Heimat-Kochbuch
Preis: € 39,50

Appetit auf mehr?

Das A la Carte-Kombi-Abo.
4x A la Carte-Magazin, der
Gourmet-Führer A la Carte und der ÖHV-Hotelguide
zum Vorzugspreis von € 28,–.
Mail an: bestellen@alacarte.at
oder Telefon: +43 /(0)1/740 77-838
www.alacarte.at

15

RUDOLFSHEIM-FÜNFHAUS

Maria vom Siege
Mehr als nur ein Vereinslokal

Quell
Einfach ein guter Platz mit legendärer Küche

Heidinger
Hier kriegen Sie's gebacken.

Herzog's Wirtshaus
In der Vor-Vorstadt ist alles gut und alles echt.

Fotos: Philipp Horak

MARIA VOM SIEGE

Kirchenwirt-*Melancholie*

1992 haben Monika Deutschmann und Erhard Elsner das „Restaurant Maria vom Siege" vulgo Kirchenwirt übernommen. Es war ein gut gehendes Gasthaus in einem heimeligen und lebendigen Winkel des sonst oft zwielichtigen Fünfhaus. In allen Dörfern und Städten gelten „Kirchenwirte" als Goldgruben. Wie sich an unserem Beispiel zeigt, hängt dies aber stark von der jeweiligen Kirche ab.

Maria vom Siege, der Backsteinbau am Mariahilfer Gürtel, ist ein bissel eine Problemkirche. Sie wird nicht beheizt und ist daher im Winter innen so kalt, dass keine Messen abgehalten werden können. „In den ersten drei Monaten haben wir am Sonntag offen gehabt", sagt Herr Elsner, der den Service erledigt. „Dann haben wir's gelassen." In den warmen Monaten kommt der Kirchenchor nach den Proben her. „Und wir haben ein paar Vereine hier, das ist eigentlich unser Hauptgeschäft." Der Briefmarkensammlerverein tauscht hier, auch jener zur Wiederherstellung der Bad-Ischler-Bahn, allerdings erlahmen auch dessen Aktivitäten in der letzten Zeit spürbar. Einen eigenen Sparverein hat man hier nicht. Zu viel wird in den letzten Jahren in der Gegend eingebrochen.

Wenn man einen abendlichen Besuch hier plant, lasse man das Auto zuhause. Parkplätze gibt es nicht, auch nicht nach stundenlangem Suchen. „Zuerst haben sie vier Straßen vor dem Haus für Autos gesperrt, und seit es im Siebenten das Parkpickerl gibt, suchen alle von überm Gürtel hier Parkplätze. Die alten Stammgäste, die für ein Krügerl bei uns ein Strafmandat riskiert haben, sind weggeblieben." Wenigstens der Stammtisch ist noch aktiv, alles Leute, die in der Gegend aufgewachsen sind. Sie machen am Wochenende oft gemeinsam Ausflüge.

Frau Deutschmann, eine wirklich gute Köchin, ist schon in Pension, arbeitet hier aber weiter. Man wird wohl bald zusperren. Wie alt die zum Weinen schöne Einrichtung ist, mit der uralten Kühlung mit den Schnapptüren und mit der hellen Lamperie, weiß keiner, vielleicht siebzig Jahre oder so. AO

MARIA VOM SIEGE
Dingelstedtgasse 3, 1150 Wien, Tel.: 01/893 42 39
Mo.–Fr. 9–23 Uhr (Küche bis 22 Uhr)

QUELL

Ein Quell der Freude, nicht versiegend

Das Gasthaus „Quell" in Reindorf hat nicht nur eine unendlich lange Geschichte, sondern es meistert auch seine Gegenwart bravourös. Was ja fast noch wichtiger ist. Lokale haben eine Aura. Die ist – zumindest mit empirischen Methoden – nicht messbar, manifestiert sich aber in einhelligen Meinungen. Darüber, dass etwas „ein guter Platz" ist etwa, oder dass man dort gern hingeht, immer schon und über Generationen hinweg.

Der „Quell" ist so ein Platz. Dass die nebenan gelegene Wallfahrtskirche „Zur Allerheiligsten Dreifaltigkeit" noch zur spirituellen „Quell"-Aura beiträgt, kann nur vermutet werden, den Schanigarten macht die Lage am Kirchenplatzerl auf jeden Fall noch um eine Spur pittoresker. Seine Ursprünge hat die Gastwirtschaft „Zum Guten Hirten", wie Christoph Wagner in einem Text über das Gasthaus erhob, im Jahr 1896, in den Dreißigerjahren ging es an die Familie Quell über. Und wurde von ihr über Generationen hinweg in Ehre gehalten, weshalb die Patina im Rahmen der durchaus strengen 30er-Jahre-Ästhetik etwa auf den breiten Parkett-Dielen mit ihren zentimeterbreiten Fugen oder auf der verschrammten Lamperie zweifellos eine gestalterische Rolle einnimmt – aber eben auch den Hauch der Geschichte verspüren lässt.

Dabei hat der „Quell" überhaupt nichts Museales, im Gegenteil, das Gasthaus von erhabener Größe und souveräner Strahlkraft ist ein Zentrum populärer Alternativkultur, Ostbahn Kurti spielte hier, das Publikum ist ebenso jung wie das Personal. Was natürlich auch ein bisschen an dem aktuellen, von Leopold Quell persönlich auserwählten und nun seit sechs Jahren im Amt befindlichen „Quell"-Wirt, Edi Peregi liegt: Sein Vater führt das Fischgeschäft am Schwendermarkt ein paar Häuser weiter, in Edi Peregi fließt somit Reindorfer Blut, er hat den „Quell"-Instinkt.

Die Küche im „Quell" ist legendär und stimmt die Menschen fröhlich: Letschobraten, Beinfleisch mit Dillfisolen, gebackener Rostbraten, Tiroler Leber erzählen die Geschichte der Wahrhaftigkeit und der Authentizität. Und auch, wenn vielleicht die wenigsten der jungen Menschen hier wegen der authentischen Küche kommen – sie trägt eben zur Aura bei und dazu, dass der „Quell" ein guter Platz ist. FH

□ QUELL, Reindorfgasse 19, 1150 Wien, Tel.: 01/893 24 07, Mo.–Fr. 11–24 Uhr, www.gasthausquell.at

HEIDINGER

*Nah*versorger

Im tiefen Fünfhaus, unterhalb des Meiselmarkts, in einer Seitengasse der Hütteldorfer Straße gelegen, versammelt das „Gasthaus Heidinger" die Bewohner der abgewohnten Zinshäuser der wenig einladenden Umgebung, und zwar sowohl Bassenawohnungs-Eigner als auch Wohngemeinschafts-Insassen. Das Publikum ist eine bunte Mischung aus Szenevolk und alteingesessenem Kleinbürgertum. Es dokumentiert durch einen Besuch hier eine gewisse ökonomische Intelligenz. Wenn zum Beispiel zwei Mitglieder einer 5-Personen-WG hierher essen gehen, können sie mit den Übrigbleibseln die übrigen Mitbewohner mühelos miternähren. Die Portionen sind unfassbar groß, und die Staniolpapier-Rolle („Soll ich Ihnen den Rest einpacken?") ist hier eins der am häufigsten verwendeten Küchenutensilien.

Dabei sind gleichzeitig die Preise äußerst brieftaschenfreundlich kalkuliert und die Qualität des Essens ausgezeichnet. Man huldigt halt nicht grade der neuen, leichten Küche; was auf den Tisch kommt, ist nicht nur der Portionsgröße nach Essen für Schwerarbeiter. Gebackenes bildet den absoluten Schwerpunkt auf der Karte ... pardon, Karte gibt es nicht. Die Standardgerichte werden mit Kreide auf eine große Tafel an der Wand geschrieben, die Tages„karte" besteht aus zwei kleineren Tafeln, die der Ober zu Tisch bringt. Gebackenes also hauptsächlich, vorwiegend vom Schwein, aber natürlich auch vom Huhn, und auch ein Alt-Wiener Backfleisch bekommt man, dazu Gekochtes vom Rind, Zwiebelrostbraten, einen Zander (gebacken) ... die Auswahl ist nicht überbordend, aber das Haus hat trotzdem fast nur Stammgäste, und nicht zu wenige.

Sie sitzen in einem prototypischen Beislgastraum mit allen nötigen Attributen, der dunklen, schon ein bissel mitgenommenen Vertäfelung, einer mächtigen Schank vor einem alten Kühlhaus, Holzbänken an den Wänden, einem großen Ölofen und dergleichen mehr, und fühlen sich sichtlich (und hörbar, es ist kein stilles Wirtshaus) wie zuhause. Gezapft wird übrigens ein hervorragendes Schladminger.

AO

□ HEIDINGER, Selzergasse 38, 1150 Wien
Tel.: 01/985 99 11, Mo.–Fr. 9–22, Sa. 9.–14 Uhr

Fotos: Philipp Horak

15

HERZOG'S WIRTSHAUS *Das* Missing Link

Der absolute Glücksfall eines archaischen Vor-Vorstadtbeisls, in dem nicht nur die Kultur hochgehalten, sondern die Fackel der Wiener Gasthauskultur weitergetragen wird. Auch für Rudolfsheim-Fünfhauser Begriffe ist der „Herzog" schon ziemlich weit draußen. Man spürt schon die weitreichenden Grünflächen von Schönbrunn, Grünem Berg und Auer-Welsbach-Park. Die Sechshauser Straße lässt hier fast schon ein bisschen Züge einer Landstraße erkennen, zum Beispiel dieses Eckwirtshaus. Völlig unscheinbar, nichts weist darauf hin, dass das Wirtshaus von Johann und Johanna Herzog seit Jahren Wiens Gourmets entzückt. Weil hier nämlich alles so echt ist, aber eben auch so gut. Und manchmal sogar deutlich besser, als man es erwarten würde.

Das Wirtshaus der Familie Herzog verfügt zunächst einmal über eine absolut siegreiche Trumpfkarte: sein gepflegtes Interieur. Alt, von gereifter Nachdunkelung gekennzeichnet, auch mit den Materialien einer nach Unzerstörbarkeit trachtenden Wirtschaftswunderzeit ausgestattet. Und dann ist da eine Bretschneider-Schank, die so unbeschreiblich gut gepflegt und gut in Schuss ist, dass sie von den diesbezüglichen Spezialisten zu den Top Drei in Wien gezählt wird, quasi eine Stradivari unter Wiens Gasthaus-Schanken.

Auch die Herzogs hinterließen Spuren an der Oberfläche dieses archetypischen Gasthauses, Vorhänge und eine gewisse Tendenz, das Beisl zu einem gutbürgerlichen Gasthaus zu machen, bleiben dem aufmerksamen Besucher nicht ganz verborgen. Aber genau das ist es ja, das schaffen Johanna und Johann Herzog so unvergleichlich – sie sind in jede Richtung hin glaubwürdig und authentisch. Man weiß, dass man Bruckfleisch, Ochsenschlepp, Zwiebelrostbraten oder Backhendl eigentlich kaum besser, delikater und liebevoller zubereitet bekommen kann als hier. Man bekommt aber auch Risotto, Pastete oder frischen Fisch aus dem Meer, und das ist in diesem Wirtshaus ebenso wenig ein Widerspruch wie die kompetente Begleitung Johanna Herzogs durch die Weiten einer gut sortierten Weinkarte. FH

HERZOG'S WIRTSHAUS,
Sechshauser Straße 120,
1150 Wien, Tel.: 01/893 69 29,
Mo.–Fr. 11–15, 18–23 Uhr

Fotos: Philipp Horak

Foto: Alexi Pelekanos

BLUNZENSTRICKER

*Blut*wurst-*Galerie*

Von außen ist der „Blunzenstricker" recht unauffällig. Er liegt an einem nicht wirklich eleganten Eck an der Ottakringer Straße, von Einheimischen auch „Balkanmeile" genannt, der kleine Schanigarten versteckt sich in der Seitengasse, und das recht neue Namenschild lässt auch nichts Besonderes vermuten. Drinnen aber wird man von einer regelrechten Ausstattungs-Übermacht empfangen. Das große Lokal ist rundum mit dunklem Holz vertäfelt, die wuchtige Schank ist an die 10 Meter lang, dahinter eine alte Kühlung, ebenfalls in dunkelbraun gehalten. Der Plafond ist mit alten Zeitungen tapeziert, dazwischen kleben, kein Druckfehler, einige alte Türen an der Decke. Auch von den Wänden oberhalb des Holzes sieht man nicht viel, sie sind mit alten Fotos und Genrebildern fast vollständig zugeklebt.

Das ist fast ein wenig zu viel des Guten, aber damit allein könnte man nicht so viele Ottakringer hierher locken – und es sind wirklich viele hier, das Lokal ist groß und meist sehr voll. Dazu braucht es ein ordentliches gastronomisches Angebot. Und das gibt es: Auf der Wochenkarte findet der Gast, was die Märkte gerade hergeben, von Bärlauch über Spargel im Frühling über Pilze zu Wild und Kürbis im Herbst. Auf der Standardkarte herrschen die panierten, gebratenen und gekochten Wiener Standards, flankiert von ein paar vegetarischen Gerichten und Fischen, die Preise liegen zwischen Beisl- und Restaurantniveau.

Das Herzstück ist, man ahnt es schon, das Angebot an Blutwurst-Zubereitungen: vom Blunzenbrot mit Kren über Blunzenpuffer und -gröstl bis zur gebackenen Blunzen gibt es sie in zahlreichen Varianten. Und man merkt an diesem besonders heiklen Produkt: Der Lieferant ist gut, die Würste sind in Würzung und Konsistenz schwer zu übertreffen. Das Wein- und Bierangebot reicht zur adäquaten Begleitung dieser bodenständigen Küche gut aus. AO

BLUNZENSTRICKER
Ottakringer Straße 71, 1160 Wien
Tel.: 01/48 55 78 49
Mo.–Sa. 16–1 Uhr (Küche bis 23 Uhr)
www.blunzenstricker.at

Fotos: Philipp Horak

16

OTTAKRING

Blunzenstricker
Sämtliche Wiener Standards in uriger Atmosphäre

Schrems
Preis-Leistungs-Sieger mit einigen Überraschungen

Gelbmann's Gaststube
Hedonismus-Flair und große Weinauswahl beim Platzhirschen

16

Fotos: Philipp Horak

SCHREMS

Der *Preis-Leistungs-*Kaiser

Zufällige Gäste werden das Gasthaus „Schrems“, wenn überhaupt, nur mit geringen Erwartungen betreten. Die Lage an der Maroltingergasse, die sehr schlichte Fassade und die ortstypischen Zecher an der Theke mit ihrem deftigen Ottakringer Spruch lassen dies auch angebracht erscheinen. Beim Anblick der Speisekarte überlegen sie möglicherweise schon, wieder aufzustehen. Nicht, weil die Preise so hoch sind, sondern weil es um so wenig Geld heutzutage wohl kaum noch etwas Gescheites zu essen geben wird. Da stehen die faschierten Laibchen mit 4,40 Euro angeschrieben, ein gebackenes Hirn kostet 5,45, das Schweinswiener 6,50.

Das „Schrems“ ist mehr als nur ein gutes Beisl, es hat vermutlich von allen Wiener Gasthäusern das beste Preis-Leistungs-Verhältnis. Das Geheimnis dahinter: Der Besitzer und Koch war in seiner Jugend Patissier im „Steirereck“ und hat dort Qualitätsbewusstsein gelernt. Einige Jahre nachdem er in den 80ern das elterliche Gasthaus übernommen hatte, ließ er es einigermaßen renovieren (dem fielen die alte Schank und die Täfelung zum Opfer, die aber durch adäquate Holzarbeiten ersetzt wurden) und führt es nun wieder als „Gasthaus Café Schrems“. Neben den fast unglaublichen Preisen, die sich ihrer genauen Umrechnung aus früheren Schillingbeträgen verdanken, die nur inflationsmäßig angepasst werden (daher findet man hier Preise wie 5,45 oder 8,75), besticht die Karte mit einem überraschend großen Fischangebot. Es gibt eine kleine Standardkarte mit verschiedenen Schnitzeln und Fischen sowie eine Wochenkarte und sogar noch eine Tageskarte, die das Marktangebot reflektiert, das allerdings stets sehr bodenständig.

An das Getränkeangebot sollten keine allzu hohen Ansprüche gestellt werden. Flaschenweine werden praktisch nicht serviert, aber die Qualität der Schankweine ist durchwegs ausgezeichnet, und dass man im tiefsten Ottakring Schremser Bier bekommt, gibt auch noch einen Pluspunkt.

AO

□ SCHREMS, Rankgasse 23, 1160 Wien
Tel.: 01/493 92 09, Di.–Fr. 10–19.30, Sa., Fei. 10–15 Uhr

GELBMANN'S GASTSTUBE

Auf *historischem* Grund

Man befindet sich hier gewissermaßen auf kulinarhistorischem Grund, auf der Gelbmann-Webseite wird darauf auch verwiesen: Zu Monarchiezeiten war Ottakring mit über 400 Gaststätten das „Wirtshaus Wiens", das Vergnügungsviertel, das es gemeinsam mit Neulerchenfeld bildete, wurde „Des Heiligen Römischen Reiches größtes Wirtshaus" genannt. Eine Tradition, auf der sich prächtig aufbauen lässt. Einen gewissen überbordenden Hedonismus lässt auch „Gelbmann's Gaststube" durchblicken, allein durch die Portionsgrößen …

Die Existenz eines Wirtshauses an dieser Stelle ist seit 1873 dokumentiert, in den Besitz der burgenländischen Familie Gelbmann kam es 1954. 1987 wurde es an die Ottakringer Brauerei verkauft, die es an den Vater des jetzigen Betreibers verpachtete, der immerhin die Schule des Hotels Sacher genossen hatte. (Die Familie übernahm vor einigen Jahren auch den legendären „Gmoa-Keller" im 3. Bezirk.)

In dem an Platzhirschen reich gesegneten 16. Bezirk ist „Gelbmann's Gaststube" wahrscheinlich der platzeste Hirsch. Und er wahrt seinen Rang in der kulinarischen Hierarchie durch kompromisslose Qualität des Angebots an fester und flüssiger Nahrung. Natürlich pflegt man die Tradition der Spezialitätenwochen, der Bärlauch wird vom Spargel abgelöst, die Pilze vom Wild und so weiter im Jahreskreis. Besondere Freude macht auch hier die kompetente Pflege der Innereienküche. Nicht nur Schwein und Rind spenden dafür die Rohmaterialien, es gibt in der jeweiligen Saison auch ein Lamm- und sogar ein Gänsebeuschel.

Ziemlich unglaublich für ein Ottakringer Wirtshaus ist aber das Weinangebot. Der junge Chef sammelt alles, was ihm selbst schmeckt, und zeigt dabei eine Bandbreite, die bis zu den ganz, ganz großen französischen Gewächsen reicht. Seine Kalkulation dabei zeugt von großer Liebe zu seinen Gästen. AO

Fotos: Michael Reidinger

GELBMANN'S GASTSTUBE
Wilhelminenstraße 62, 1160 Wien
Tel.: 01/486 15 99
Di.–Sa. 11–22 Uhr
www.gelbmanns.at

WEINHAUS ARLT

Auch *eine* Art *Sport*club

Eines der ältesten Gasthäuser Wiens, das schon fast in Vergessenheit geraten war, erlebt seit eineinhalb Jahren seinen vierten Frühling.

Freunde des Wiener Fußballs kennen die Kainzgasse in Hernals – hier residiert seit 1904 der Wiener Sportclub und bespielt den ältesten Fußballplatz Österreichs. Freunde der Wiener Gasthauskultur kennen die Kainzgasse aber auch – denn hier existiert seit 1898 ein Gasthaus, das während seiner ersten Jahrzehnte vor allem Fuhrwerkern und Kutschern Stärkung darbot, ab 1927 dann aber das „Weinhaus Arlt" war. Und zwar 40 Jahre lang. Auch in den Zeiten, als das „Arlt" von anderen geführt wurde, blieb es eigentlich das „Arlt" (nicht zuletzt, weil das ja auch auf der Fassade zu lesen stand), und wurde aber wieder so wirklich zum „Arlt", als Thomas Zalud das wunderschöne Gasthaus Ende 2008 übernahm.

Zalud wusste, was er wollte – er war lange bei „Plachutta" und in zahlreichen gutbürgerlichen Gaststätten und Restaurants –, und er kannte sein Publikum – denn schließlich wohnt er selbst in der Gegend. Weshalb er das Lokal mit seiner prächtigen Schank-Theke in schmucker Furnier, seinen Messingverbrämungen und prächtigen Darstellungen aus dem Bierkutscher-Dasein einstiger Tage sowie seinen eigenwilligen Lackfliesen in eindrucksvollem Rot kaum veränderte und auch die Bedürfnisse der Einheimischen nicht ignorierte. Das heißt: Am Sonntag vormittag gibt's Braten, Gulasch, gebackene Kalbsleber, Gesottenes und ein Schnitzerl vom

□ WEINHAUS ARLT, Kainzgasse 17, 1170 Wien, Tel.: 01/486 02 93, Mo.–Sa. 11–23, So. 11–16 Uhr, www.weinhausarlt.at

Schwein. Dass Zalud und sein Küchenchef am Gulasch ein Monat feilten, bis es ihnen so wirklich passte, dass man für das Schweinsschnitzel nicht die billigste, sondern die beste Ware verwendet und dass die Wochenkarte alle Stückeln saisonaler Genusskultur sowie regionaler Produkt-Pflege spielt, ist halt die andere, innovative Seite. Die man dem neuen Wirten aber überhaupt nicht übel nahm, im Gegenteil, beim Sonntagsbraten hat man ohne Reservierung keine Chance und wenn die Mittagskarte Regional-Favoriten wie gebackene Fledermaus, faschierte Laberln oder gebratene Augsburger mit Rahmfisolen bereithält, zahlt es sich auch aus, gut zu Fuß und rasch im Antritt zu sein – die sind nämlich sehr schnell weg.

FH

Fotos: Philipp Horak

17

HERNALS

Weinhaus Arlt

Frühlingsgefühle bei Fliesenlook und Fledermaus, gebacken

Schutzhaus am Schafberg

Behutsam renoviertes und mit Liebe bekochtes Kleingarten-Relikt

Zum Herkner

An der Endstation der Straßenbahnlinie 43 findet man ein legendäres Edelbeisl.

17

Fotos: Philipp Horak

SCHUTZHAUS AM SCHAFBERG

Schutz *ist* wichtig

Die typischen Wiener Schutzhäuser sind eine Kategorie für sich. Das Schutzhaus am Schafberg war innerhalb dieser Kategorie besonders kategorisch, bis hier einiges passierte, womit nicht zu rechnen war. Die zahlreichen Schrebergarten-Siedlungen und Kleingartenvereine an Wiens Stadträndern waren ursprünglich – also in den 20er und 30er Jahren – nicht übermäßig gut erschlossen: kein Kanal, kein Strom, kein Telefon. Da brauchte es Ansätze einer Infrastruktur, die von den so genannten Schutzhäusern geboten wurden, also ein festes Dach über dem Kopf, falls das der selbst gebauten Schrebergartenhütte vom Wind davongeblasen wurde, und ein Schnitzerl, falls man auf den von zu Hause mitgebrachten Erdäpfelsalat gerade keine Lust hatte. Im Laufe der Jahrzehnte und des Komfortgewinnes der Schrebergarten-Häuschen schlitterten viele der Schutzhäuser in eine kulinarische Sinnkrise. Nicht so das am Schafberg, der langjährige Pächter Josef Tschida machte es einerseits zum skurrilen Veranstaltungsort und andererseits zum Refugium für pannonisch-deftige Küche.

Nach 30 Jahren Schutzhaus ging Josef Tschida 2009 in Pension, und seine Nachfolger passten so gar nicht ins gewohnte Schutzhaus-Bild: drei junge, dynamische und im Eventbusiness erfolgreiche Herren aus bestem Haus. Die – und da war die Überraschung gleich noch größer – das schon ein bisschen heruntergekommene Wirtshaus mit unendlicher Liebe zum Detail und Sinn für Kombination von Altbestand und Neuanstrich renovierten. Und nicht nur das: Auch die Küche blieb von Szene-Attitüden völlig verschont, stattdessen wird Rindsuppe gekocht, werden Grießnockerl und Leberknödel selbst gemacht, Schnitzel in der Pfanne gebacken und faschierte Laberl (unverzichtbar in einem Schutzhaus) gebraten. Klar gibt es im November Gansl und im Mai Spargel, aber die Standardkarte erzählt Geschichten von wahrhaftigem Rindsgulasch und salzgurkenbegleitetem Zwiebelrostbraten, dessen Zwiebel-Garnitur selbstverständlich eigenhändig knusprig frittiert wird. „Entweder ganz oder gar nicht", sagt Philip Keller, Teil des neuen Schafberg-Trios. Dass eine ordentliche Weinkarte, exzellentes Bier und akkurater Service kein Widerspruch zum Schutzhaus-Prinzip sein müssen, wird ebenfalls deutlich vor Augen geführt. Schutz, wie man ihn jederzeit brauchen kann.

FH

□ SCHUTZHAUS AM SCHAFBERG, Czartoryskigasse 190–192, 1170 Wien, Tel.: 01/479 22 79, Di.–Sa. 11–23, So. 10–22 Uhr, www.schutzhaus-schafberg.at

ZUM HERKNER

Pilger*stätte*

Als es noch nicht viele Stars am Kochhimmel gab, versorgte er die luxusliebende Hautevolee zunächst in der „Taverne am Sachsengang" und dann in der „Hummerbar" (der Sohn des Hauses hatte damals seine große Karriere noch vor sich: Attila Dogudan) mit allem, was sie brauchte, bevor seine Laufbahn eher abenteuerlich wurde: Er übernahm als Wirt den „Johanneshof", ein Jugendstiljuwel in Gersthof, in den Wiens Feinschmecker sofort in Strömen pilgerten. Sein kommerzielles Geschick war allerdings dergestalt, dass er nach einer kapitalen Pleite für einige Jahre spurlos verschwinden musste. In aller Stille tauchte er nach dieser, nennen wir es Rekreationsphase in Dornbach wieder auf. Er übernahm, diesmal ohne wirtschaftliche Fehltritte, ein altes Wirtshaus bei der Endstation der Straßenbahnlinie 43 und tat so, als wäre er immer schon ein Beislwirt gewesen. Mit umwerfendem Erfolg: „Zum Herkner" pilgerte sehr bald wieder tout Vienne. Heinz Herkner verstarb viel zu früh, seit einigen Jahren wird das nach wie vor nach ihm benannte Edelbeisl vom Ehepaar Riedler geführt, und man muss sagen: in Herkners Geiste. Das zauberhafte Ambiente mit den alten Gaststuben wurde unverändert belassen, der Garten ist schön wie eh und je, and so ist die Küche. Karl Riedler kocht (mit seinem Chefkoch Ludwig Scharf) zum Teil noch nach Herkners eigenen Rezepten, der die Wiener Küche individuell (und virtuos) interpretierte. Wer gebackene Innereien schätzt, ist hier richtig; an Herkner erinnern aber auch so beisluntypische Gerichte wie ein Krebsschwanzcocktail, den er in der Hummerbar so servieren ließ; eine Reminiszenz an die wenigen Rezepte aus der bürgerlichen Küche der frühen 70er Jahre, die ein Überleben verdient haben. AO

ZUM HERKNER
Dornbacher Straße 123, 1170 Wien
Tel.: 01/485 43 86, Mo.–Fr. 11–22 Uhr

19

DÖBLING

Häuserl am Stoan

Deftiger Schweinsbraten mit Knödel und Wienerwald-Blick

Zum Renner

Überdimensionale Portionen in der Nußdorfer Rindfleischinstitution

Foto: Michael Reidinger

HÄUSERL AM STOAN

Essen *mit* Aussicht

Eines der bekanntesten, wenn nicht überhaupt das klassischste unter den Wienerwald-Ausflugslokalen: Das „Häuserl am Stoan“ gab es hier schon lange, bevor der Teil der Höhenstraße, über den sich der Autofahrer heute dem Häuserl nähert, überhaupt errichtet wurde. Ursprünglich ein Imbissstandl, wurde es 1926 auf ausgesprochen unangenehm felsigen Grund (daher der Name) errichtet und befindet sich noch heute im Besitz der Gründerfamilie. Der große Trumpf des Hauses ist natürlich die Lage. Ob Einheimische oder Touristen, alle befahren und bewandern die Gegend gern, und die Aussicht gerade von hier aus über praktisch ganz Wien ist schon sehr beeindruckend. Das macht die Einkehr, speziell in den riesigen Gastgarten, natürlich verlockend, und dementsprechend groß ist an schönen, warmen Tagen der Gästeansturm.

Aus diesem Grund und auch deshalb, weil es hungrigen Wanderern oftmals mehr um schnelle Sättigung als um Qualität geht, liegt die Vermutung nahe, dass man hier mit einfachen Mitteln das große Geld machen möchte. Aber weit gefehlt. Zwar passt „einfach“ als Beschreibung der Küchenlinie durchaus, aber fad oder nachlässig wird hier nicht gekocht. Das Essen ist deftig, die Portionen sind für die Bedürfnisse der Wanderer kalkuliert und weniger für die Autofahrer. Hier gibt es noch das fast in Vergessenheit geratene Speisekarten-Kapitel „Fertige Speisen“ mit Schweinsbraten, Bauernschmaus, Geselchtem oder Linsen mit Debreziner (alle übrigens mit Knödel serviert), und auf die Bedürfnisse der zahlreichen Kleinen wird mit einer Kinderkarte (Schnitzel, Würstel, Braten, Fisch) eingegangen. Ein bissel so wie vor 40 Jahren halt, das Ganze, und auch ohne jede gestalterische Modernität in den alten Räumlichkeiten. AO

□ HÄUSERL AM STOAN
Zierleitengasse 42a, 1190 Wien, Tel.: 01/440 13 77
Do.–So. 11–23 Uhr (Küche bis 21 Uhr), www.amstoan.com

ZUM RENNER *Aus eigener Zerlegung*

Es gibt in Wien nur wenige gastronomische Institutionen, die gleichermaßen für Qualität und riesenhafte Dimension seiner Speisen berühmt sind. Also konkret gibt es da nur den „Renner". Nußdorf ist ja eher schon Land als Stadt. Die Donau gleich hinter dem Bahndamm, die Weingärten des Nußbergs im Rücken, die ehemaligen Freihöfe der Klöster, von denen noch nicht einmal alle zu Reihenhaussiedlungen umgewandelt wurden, der Dorfplatz. Ein typischer Dorfplatz mit einem typischen Gasthaus, dem man ansieht, dass es ein solches schon seit dem 17. Jahrhundert ist. Ein Torbogen, eine Einfahrt, ein großer, schöner Hofgarten – und mitten in diesem Ensemble ein Schaukasten, in dem auffallend große Würste hängen, große Würste und große Fleischstücke. Das ist der „Renner". Seit Generationen in Familienbesitz, seit ewigen Zeiten bekannt für die farbenfroh rustikale Gestaltung des Schankraums, der die Grenze zum Kitsch gleichermaßen deutlich wie wohlig überschritten hat, seit ewigen Zeiten schon berühmt-berüchtigt für die Riesenhaftigkeit der Fleischportionen, und eben auch schon seit immer und ewig bekannt dafür, dass die solcherart legendären Fleischtrümmer in einer hauseigenen Fleischerei zerlegt, gereift und zugeschnitten werden.

Eindrucksvolle Würste und ein unter Kennern gerühmter Prager Schinken werden hier ebenfalls produziert, seinen Ruhm begründet der „Renner" aber vor allem auf den extragroßen Portionen von erstklassig gereiftem und perfekt gesiedetem Rindfleisch. Wobei – nicht nur: Persönlichkeit des Wirts Werner Renner einerseits und die Tatsache, dass man ihn mit annähernd hundertprozentiger Wahrscheinlichkeit hier antreffen kann, andererseits, ließen ihn zu einer Ikone der Wiener Gasthausszene werden. Die Inbrunst, mit der man sich hier der Weinkultur und der Pflege des bayerischen Biers widmet, sorgt beim „Renner" zwangsläufig für eine gewissermaßen schlaraffische Geborgenheit, na ja, und dann eben die Portionsgrößen, und die in der Schankstube verewigten Sprüche wie „Besser zu viel essen als zu wenig trinken". Der „Renner" funktioniert eben nach anderen, eigenen Parametern, die anderswo nicht anwendbar sind. FH

Fotos: Michael Reidinger

□ ZUM RENNER, Nußdorfer Platzl 4, 1190 Wien
Tel.: 01/378 58 58, Mo.–Sa. 9–22 Uhr, www.zum-renner.at

NOCH MEHR WIENER KÜCHE

Traditionell und gemütlich, urig oder nobel: weitere besuchenswerte Gaststätten und Wirtshäuser zwischen Hietzing und Döbling

Plachutta Hietzing

Auhofstraße 1, 1130 Wien
Tel.: 01/877 70 87
Küche: Mo.–Fr. 11.30–14.30, 18–22.30, Sa., So., Fei. 11.30–22.30 Uhr, www.plachutta.at

Das gemütliche Stammhaus der Plachutta-Betriebe mit perfekter Rindfleischküche von Beinfleisch bis Tafelspitz, darüber hinaus aber auch allerlei handfeste oder auch süße Schmankerln aus der Wiener Küche.

Plachutta's Grünspan

Ottakringer Straße 266
1160 Wien, Tel.: 01/480 57 30
Küche: täglich 11–23 Uhr
www.gruenspan.at

Sichtbar „ottakringerisch" ist das große Bierwirtshaus eine gastronomische Bereicherung für den Bezirk; in geräumigen und gemütlichen Gasträumen sowie im wunderschönen Biergarten wird kräftige Hausmannskost serviert.

Zum Goldenen Pelikan – Weinhaus Sittl

Lerchenfelder Gürtel 51, 1160 Wien
Tel.: 01/405 02 05
Küche: Do.–Di. 10.30–23 Uhr

Kaum zu glauben, dass der idealtypische Gastgarten mit dem großen Baum direkt neben dem Gürtel liegt. Das denkmalgeschützte Haus wurde 1740 erstmals erwähnt, der Schankraum ist seit den 50er Jahren unverändert, die Tageskarte wird täglich auf der Schreibmaschine getippt und listet die Vertreter der typischen Wiener Hausmannskost. Ein uriges Gesamtkunstwerk.

Wein- und Bierhaus Brandstetter zum Alseck

Hernalser Hauptstraße 134, 1170 Wien
Tel.: 01/486 46 25
Küche: Mo.–Fr. 6–23, Sa. 7–23, So., Fei. 8–23 Uhr (warme Küche bis 22 Uhr)

Top in Sachen Preis-Leistungsverhältnis – hier wird Bodenständiges und Deftiges in ordentlichen Portionen serviert, dazu gibt es anständige Weine und sieben Sorten Bier. Und wem der Schmäh an der Schank zu tief ist, der kann sich ja in die großzügigen Räumlichkeiten zurückziehen.

Zum Lercherl von Hernals – Gasthaus Muskovich

Hernalser Hauptstraße 70, 1170 Wien
Tel.: 01/405 83 15
geöffnet: Di.–Sa. 11–24 Uhr (Fei. geschlossen)

Die riesigen Schnitzel, der legendäre Zwiebelrostbraten und klassische Innereiengerichte dominieren hier die Bestellliste. Die Wiener Wirtshausklassiker genießt man idealerweise im Sommer unter den riesigen Kastanienbäumen, mit einem perfekt gezapften Bier in der Hand.

Freyenstein

Thimiggasse 11, 1180 Wien
Tel.: 0664/439 08 37
Küche: Di.–Sa. 18–23, So. 12–15 Uhr.
www.freyenstein.at

Spitzenkoch Meinrad Neunkirchner hat in diesem liebevoll heimeligen alten Gasthaus eine Wirkungsstätte gefunden. In den Menüs spielen rare Kräuter, betörende Aromen und geheimnisvolle Essenzen eine wesentliche Rolle – kreative Küche im Wirtshausrahmen, das lässt man sich gern gefallen.

Meinrad Neunkirchner im Freyenstein

Pfarrwirt

Liebstöckl & Co.

Sandgasse 12, 1190 Wien
Tel.: 01/328 83 10
Küche: täglich 11–23 Uhr
www.liebstoecklco.at

Edelbeisl mit reichhaltigem Wiener-Küche-Repertoire. Eine sichere Empfehlung ist hier das gesottene Rindfleisch. Gemütliche Atmosphäre in den Stuben, großer Gastgarten.

Pfarrwirt

Pfarrplatz 5, 1190 Wien
Tel.: 01/370 73 73
Küche: 12–24 Uhr
www.pfarrplatz.at

Die Geschichte des Hauses reicht bis ins 12. Jahrhundert zurück. Das Gasthaus mit Tradition ist von Lage und Bausubstanz her ein Juwel. Das ganze Ensemble atmet das Flair vergangener Jahrhunderte auf einnehmende Weise. Zeitgemäß gemachte Speisen, wobei vor allem die traditionellen Zubereitungen gut gelingen. Bei der Weinauswahl verlässt man sich nicht nur auf die prächtigen hauseigenen Weine.

Eckel

Sieveringer Straße 46, 1190 Wien
Tel.: 01/320 32 18
Küche: Di.–Sa. 11.30–14.30 und 18–22.30 Uhr
www.restauranteckel.at

Gutbürgerlicher Wiener Klassiker mit viel Sinn für Tradition. Der Gastgarten ist im Sommer einfach ein herrlicher Ort. Die vielen Stammgäste schätzen aber auch die gute Küche, die vorwiegend traditionell mit etwas internationalem Einschlag auf stets hohem Niveau arbeitet.

Fotos: PR, Thomas Apolt

KOPP Besser *mehr als* weniger

Der „Kopp" ist ein Phänomen, und zwar in vielerlei Hinsicht. Die allerdings immer irgendwie mit Menge zu tun hat. Man könnte sagen, dass man einen richtigen Wiener nicht zuletzt daran erkennt, dass seine Augen zu leuchten anfangen, wenn man „Kopp" sagt. Denn der „Kopp", ein riesiges, nicht unbedingt besonders schönes Gasthaus beim Brigittenauer Allerheiligenplatz, kommt dem Paradies nach Alt-Wiener Beislgeher-Vorstellung schon recht nahe: Die Portionen sind gigantisch, die Preise minimal, fast rund um die Uhr geöffnet, es gibt reichlich Sitzplätze, man bekommt aber dennoch schwer einen Platz, man weiß sich hier unter seinesgleichen, und insgesamt ist das die Mischung, die den „Kopp" zum Kult werden ließ.

Der volle Bauch gehört im „Kopp" einfach dazu. Aufzuessen ist hier keine Frage der Höflichkeit oder ein wettertechnischer Aberglaube, aufzuessen ist im „Kopp" eine sportliche Herausforderung. Und wer nach der Portion Ripperln immer noch kann, der bekommt Nachschlag. Wie groß „Kopps Hausplatte – für kräftige Esser" ist, will man sich lieber gar nicht vorstellen. „Wiener Küche und Hausmannskost zu günstigen Preisen, in reichhaltiger Menge und bester Qualität", lautet das Hausmotto. Und zu jeder Speise gibt es außerdem einen passenden Schnaps. Aber Übertreibung ist hier in jeder Hinsicht das Programm, auch gestalterisch: Das große, hohe und wirklich recht patinierte Gasthaus ist ein farbenfrohes Sammelsurium gasthäuslicher Ausstellungsstücke aus den vergangenen 50 Jahren. Bilder, Plakate, Fässer, Figuren, was an die mit beigem Laminat überzogenen Wände passte, wurde angebracht und blieb dort auch.

Der enorme Erfolg und die kontinuierliche Vollauslastung erlaubten es der Familie Kopp-Varga, auch das benachbarte Lokal dazuzunehmen und als „Schwemme" zu führen. Was der echte „Kopp"-Fan allerdings nur als Notlösung akzeptieren würde, denn nur im echten, großen „Kopp" ist der „Kopp" so richtig „Kopp".

FH

□ KOPP, Donaueschingenstraße 28, 1200 Wien, Tel.: 01/330 43 92, So., Mo. 6–24, Di. 6–18, Mi.–Sa. 6–2 Uhr, www.gasthaus-kopp.at

Fotos: Michael Reidinger

20

BRIGITTENAU

Kopp

Skurriles Sammelsurium und Schlaraffenland für Beislgeher

21

FLORIDSDORF

Strandgasthaus Birner
Alt-Wiener Hausmannskostlegende, nah am Wasser gebaut

Zum Neusiedler
Wo der Schmäh rennt und die Beisl-Kaliber schmecken

STRANDGASTHAUS BIRNER

Sommer*idylle* *mit* Geschichte

Das „Strandgasthaus Birner" ist ein Stück Wiener Stadtgeschichte, durch die man sich auf der Birner'schen Webseite teilweise klicken kann. Die Familie war schon vor der Donauregulierung hier ansässig, als die heutige Alte Donau noch der Hauptstrom war. Damals lagen an den Ufern etwa 60 Schiffsmühlen; eine davon gehörte den Birners.

Die Regulierung zerstörte die Existenzgrundlage der meisten dieser Müller, die daraufhin einen anderen Lebensunterhalt finden mussten. Die Birners machten das schlau und gründeten nacheinander ein Gasthaus, ein „Lustschifffahrts" Unternehmen, eine Überfuhr und zwei Strandbäder, darunter das heutige Angelibad, das dem Gasthaus gegenüber liegt und zu dem der sogenannte Birnersteg führt, von dem die Gäste sommers jede Menge Kinder ins Wasser hüpfen sehen können.

Das Gasthaus ist bis heute in großen Teilen erhalten, vor allem der Schankraum atmet Geschichte. Der Gastgarten wurde im Lauf der Jahrzehnte in Stufen zum Wasser hin erweitert, auf der untersten sitzt man direkt am Ufer der Alten Donau, was den Titel „Strandgasthaus" rechtfertigen sollte.

Der Umstand, dass Garten und Gasthaus durch eine Autostraße voneinander getrennt sind, führt zu einer ordentlichen Beanspruchung des deshalb sehr robusten und durchaus respektgebietenden Servierpersonals. Was die Kellner anschleppen, ist keine hohe Küche, aber solide Alt-Wiener Hausmannskost. Den großen Reiz des Ganzen macht wohl die Kombination aus. Am Wasser in der Sonne sitzen (Achtung: Plätze am Wasser kann man nicht reservieren, also ist es angeraten, eher früh am Abend zu erscheinen), mit Freunden ein paar Achterln trinken, dann ein Schnitzel oder gar „Medaillons natur, fein garniert" um 10,90 essen, das hat schon was. AO

STRANDGASTHAUS BIRNER
An der oberen Alten Donau 47, 1210 Wien
Tel.: 01/271 53 36
täglich 9–23.30 Uhr (bzw. bis 22 Uhr in der Wintersaison und bei Schlechtwetter)
www.gasthausbirner.at

21

ZUM NEUSIEDLER
Prager Straße 2, 1210 Wien,
Tel.: 01/278 53 97, Mo.–Fr. 9–23 Uhr
www.zum-neusiedler.at

ZUM NEUSIEDLER

Die Schönheit *der Floridsdorfer* Härte

Das Gasthaus „Zum Neusiedler" stand noch nie im Verdacht, ein Edelbeisl oder Ähnliches zu sein. Es ist gut und echt, und das reicht. Beisl-Philosophen oder Wirtshaus-Theoretiker haben sich noch nie hierher verirrt, um die Wahrhaftigkeit des Autochthonen zu definieren. Ins „Zum Neusiedler" kommen die Pensionisten und Hackler, die nur ganz wenig Zeit haben, auf ein Menü. Und die Hackler, die umständehalber gerade ein bisschen mehr Zeit haben, auf ein paar Spritzer, Biere und Glaserln Wein. Und dann rennt der Schmäh, und der darf am Nebentisch ruhig gehört werden. Beziehungsweise ist das gar nicht anders möglich, weil das Beisl ist eigentlich winzig, die Holzbankerln stehen ziemlich dicht beieinander. Und in die zwei Extrazimmer setzt sich kaum wer hinein, weil genau dort rennt der Schmäh eben nicht so.

Das Gasthaus beim Floridsdorfer Spitz gibt es seit 1923, es trug schon zahlreiche Namen und wurde wohl auch schon das eine oder andere Mal umgestaltet, das letzte Mal unter Verwendung von relativ viel brauner Holzfurnier. Jürgen Gollacz führt es nun seit fünf Jahren, seit zwei Jahren gemeinsam mit Alfred Wenzli, den Namen des Lokals „Zum Neusiedler" hätte man belassen, weil sich die Leute dran gewöhnt hätten, sagt Gollacz.

Das „Zum Neusiedler" hat einen ganz speziellen Charme. Nicht nur, dass herzlich gegrüßt und verabschiedet wird, nicht nur, dass es drei verschiedene Biere offen und ein paar durchaus beachtliche Weine glasweise gibt (was angesichts der Anmutung dieses Lokals fast schon französisch oder italienisch wirkt ...), vor allem pflegt man hier eine Spezialkarte mit „Beisl-Gerichten". Und da stehen dann geröstete Nierndln, gebackene Leber, Beuschl vom Schwein, Hirn mit Ei, Krenfleisch, Hirn gebacken und ähnliche Kaliber drauf. Jürgen Gollacz ruft dann auch einmal in die Küche, wann denn die Beiried vom Fleischhauer geliefert werde und ob er für den Abend also schon das Backfleisch auf die Karte setzen solle. Großartig.

Ein Trend, das Gehorchen einer augenblicklichen Mode? „Wir machen das schon immer so", sagt Jürgen Gollacz, „und wir bleiben da auch dabei." FH

NOCH MEHR WIENER KÜCHE

Am Bisamberg und an der Alten Donau: Vorstadt-Gasthäuser zwischen Floridsdorf und Liesing, die einen Besuch lohnen

Natalie Jelesitz und Reinhard Gerer im Berggasthof Magdalenenhof am Wiener Bisamberg

Gerer's Magdalenenhof – Berggasthof am Bisamberg

Senderstraße 355,
1210 Wien
Tel.: 01/292 35 19
Küche: Do.–So. 12–22 Uhr

Die ehemalige Meierei des städtischen Biolandgutes bekam ein hochkarätiges kulinarisches Profil: Reinhard Gerer sorgt hier für das leibliche Wohl der Gäste und steht höchstpersönlich am Herd dieses Wiener Ausflugsgasthauses. Eine unverwechselbare Küche aus Meisterhand.

Gasthaus Neuer

Ferdinand-Kaufmann-Platz 2,
1210 Wien
Tel.: 01/263 23 17
geöffnet: Mo.–Di.,
Fr.–Sa. 11–22, So. 9–22,
Mai bis August
Mo.–Sa. 11–22, So. 9–22 Uhr
www.gasthaus-neuer.at

Gasthaus mit Bootsverleih. Auf der wildromantischen Terrasse an der Alten Donau werden saisonale Spezialitäten, Wiener Klassiker und am Wochenende Steckerlfisch vom Holzkohlengrill serviert.

Neu Brasilien

An der unteren Alten Donau 61,
1220 Wien, Tel.: 01/203 12 92
Küche: täglich 11–22 Uhr,
Dez. bis März geschlossen
www.neubrasilien.at

Die nach dem Sandstrand an der Biegung der Alten Donau gegenüber dem Gänsehäufel benannte Gastwirtschaft ist bekannt für verlässliche Hausmannskost von Schnitzel bis Schulterscherzel. Im Sommer werden Speisen und Getränke auch auf der in der Donau schwimmenden Terrasse serviert.

Roter Hiasl

Biberhaufenweg 228 (Raffineriestraße), 1220 Wien
Tel.: 01/280 71 22,
geöffnet: täglich 9–23 Uhr
www.roterhiasl.at

Hausmannskost in Donauinselnähe: Das urig-kultige Traditionsgasthaus erfrischt mit Bieren vom Fass und naturbelassenen Biosäften, dazu gibt's von Stelze über Steckerlfisch bis Kesselgulasch alles, was hungrige Ausflugsgäste wünschen.

Stasta

Lehmanngasse 11, 1230 Wien
Tel.: 01/865 97 88
Küche: Mo.–Sa. 10–15 und
18–21.30 Uhr
www.stasta.at

Von der Leberknödelsuppe bis zum Kalbswiener und der Kardinalschnitte: Das seit 1936 in Besitz der Familie Stasta-Glotz befindliche liebenswerte Vorstadtwirtshaus ist für seine zuverlässige Wiener Küche bekannt.

Stasta

GASTHAUS GEYER „ZUM MITTELPUNKT DER WELT“

Liesings *kulinarischer* „Mittelpunkt“

Wie Herr Leibelt im Jahr 1898 auf die Idee kam, mitten in die unbewohnte Pampa von Erlaa, damals noch nicht Bestandteil Wiens, ein Gasthaus mit Veranstaltungssaal und Eishaus zu stellen, ist nicht überliefert. Er war jedenfalls so stolz auf das Haus, dass er es taxfrei „Zum Mittelpunkt der Welt“ ernannte. Bis zum Jahr 1921 ging es jedenfalls so katastrophal schlecht, dass es nicht weniger als 16 Pächter verschliss.

Dann wurde es von Mathias Geyer gekauft, dem Großvater des heutigen Besitzers. Da gab es schon zahlreiche Gärtnereien in der Umgebung, und der Geschäftsgang wurde deutlich besser. Die nächste Generation übernahm den Betrieb 1959 und übergab die Staffel an den Sohn im Jahr 2001.

Heute ist das „Gasthaus Geyer“ der kulinarische Mittelpunkt einer Welt, in der es in weitem Umkreis kein ordentliches Essen gibt. Die Ansprüche der Bezirksbewohner werden anscheinend von Chinesen und Pizzabäckern ausreichend abgedeckt. Liesinger, die gut wienerisch essen wollen, kommen hierher – die Stammkundschaft rekrutiert sich aber aus allen Teilen Wiens.

Michael Geyer hat einige Lehr- und Wanderjahre hinter sich gebracht, die ihn u. a. in den „Schwarzen Adler“ am Arlberg und ins „Korso“ zu Reinhard Gerer geführt haben. Was er da und dort gelernt hat, setzt er in eine schnörkellose Wiener Klassik um, die in seltenen Fällen modifiziert (Rostbraten in Sesam gebacken) und ergänzt (Putenschnitzel in Erdäpfelkruste mit Salat) wird. Sehr beeindruckend ist die hohe Fleischqualität; das Fleisch stammt von dem legendären Fleischhauer Hödl in Atzgersdorf, einem der wenigen Metzger Wiens, die noch selbst schlachten.

Für die hohe Qualität der Obstbrände sorgt der Umstand, dass die Eltern Geyer ihren Wohnsitz teilweise ins Triestingtal verlegt haben, wo sie auf einem Berg einen Brenner entdeckten, der das Gasthaus nun mit Kriecherl, Zwetschke & Co. versorgt, die einem weit nobleren Rahmen gut zu Gesicht stünden. AO

□ GASTHAUS GEYER „ZUM MITTELPUNKT DER WELT“, Erlaaer Straße 80, 1230 Wien, Tel.: 01/869 90 85, Mi.–Sa. 11–21, So. 10–20 Uhr (Küchenzeiten), www.gasthaus-geyer.at

Fotos: Michael Reidinger

23

LIESING

Zum Mittelpunkt der Welt

Wiener Klassik am Stadtrand – schnörkellos und gut

Ge*lebte* Tradition

DIE WIENER KÜCHE HAT ZAHLREICHE MODEN HINTER SICH GELASSEN. IN DEN GASTSTÄTTEN WIRD ESSENZIELLES UND KLASSISCHES SERVIERT. TEXT VON ANDREAS OBERNDORFER

„Hierzu benötigt man für 4 Portionen 4 Stück am Vortag gekochte Semmel- oder Erdäpfelknödeln und 1 Kilogramm ebenfalls vorgekochte Erdäpfel. Beide werden in haselnußgroße Würfelchen geschnitten. In 3 Dekagramm (30 Gr.) Fett röstet man eine mittelgroße, grob gehackte Zwiebel kurz durch, fügt das Knödel-Erdäpfelgemisch hinzu, würzt mit ein wenig Salz und Paprika und erhitzt alles unter Durchschaufeln wie einen Schmarrn. Für Tisch locker gehäuft anrichten und je Portion mit einem Esslöffel voll feinnudlig geschnittener saurer Gurke oder gehacktem rohen Sauerkraut besetzen und mit Petersilie bestreuen."

Was ist die Wiener Küche?

Wie das Vorstehende zeigt: Was die Zeit aus ihr macht. Das „Pansa-Schnax"-Rezept hat der legendäre Franz Ruhm im Heft Nr. 146 von *Wiener Küche* veröffentlicht, 1942, als es kaum Fleisch für die Wiener Haushalte gab und Sättigung mit allen Mitteln gefragt war. Der Zweite Weltkrieg war auch für die hiesige Kochtradition eine Zäsur.

Zirka ein Jahrzehnt später hatte Ruhm die in seinem eigenen Verlag erschienene *Wiener Küche*, ein periodisches Rezeptmagazin, wieder aufleben lassen und präsentierte in der 2. Ausgabe „Eine bunte Reihe Wiener Fleischspeisen. Aus der wahrhaft großen Zahl von Wiener Fleischspeisen, die den Wiener Geschmack repräsentieren, folgt hier eine zwanglose Reihe von Rezepten, die das Entzücken aller bilden werden, welche die Wiener Küche aus ihrer besten Zeit her kennen." Es folgen Rezepte u. a. für Bauernschweinsbraten, Tafelspitz in der Suppe mit Gemüse, Kalbsniere am Spieß, Maschinrostbraten, Gedünstete Schöpsenkoteletten, Palffy-Lungenbraten und mehr. Die „beste Zeit" der Wiener Küche lag zu diesem Zeitpunkt allerdings schon gute 50 Jahre und länger zurück. Ihre höchste Blüte erlebte sie Ende des 19. Jahrhunderts, als die Zuwanderung aus den Kronländern nach Wien ihren Höhepunkt erreichte und Kochtechniken, Rezepte und nicht zuletzt Köche und Köchinnen in die Reichshauptstadt spülte.

Die Geschichte

Bis zum 18. Jahrhundert gab es keine Nationalküchen im Wortsinn; die Kochbücher handeln von höfischen Küchen. Die aristokratische Küche trug aber überall in Europa weniger regionale als internationale Züge. Eine in Wien angesiedelte Hochküche entstand noch etwas später als im restlichen Europa. Das lag daran, dass die österreichische Herrscherfamilie, die Habsburger, ihre Residenz erst sehr spät definitiv nach Wien verlegte. Folgerichtig entstand eine der ersten Kompilationen einer „österreichischen" Küche in der 2. Hälfte des 16. Jahrhunderts in Innsbruck, wohin Maximilian I. einige Jahrzehnte davor seine Residenz verlegt hatte: das Kochbuch der Philippine Welser, Gemahlin des Erzherzogs Ferdinand II. – Schon hier wird übrigens gekochtes Rindfleisch mit Kren kombiniert.

Die ersten Erwähnungen einer explizit Wiener (statt „österreichischen") Küche gab es erst gegen Ende des 18. Jahrhunderts, obwohl die Stadt schon lange zuvor für ihre Esskultur berühmt war (der Begriff „Kultur" ist cum grano salis zu nehmen; meist wird von ungeheuren Völlereien berichtet). Einen Höhepunkt erreichte die Entwicklung nach dem Wiener Kongress mit dem Aufmarsch der Eliten aus ganz Europa. Das Biedermeier war die erste große bürgerliche Epoche, die bis heute dominierenden Wien-Klischees haben hier ihre Wurzeln: Walzerseligkeit, Heurige, Backhendel, Kaffeejausen mit üppigen Mehlspeisen … der Rückzug ins Private aufgrund des immer autoritäreren Metternich-Regimes hatte befruchtenden Einfluss auf die Wiener Kulinarie. – Übrigens war auch Metternich selbst ein großer Gourmet, zahlreiche Gerichte, die damals in den Kanon aufgenommen wurden, tragen seinen Namen. In der Küche seiner Residenz lernte u. a. Franz Sacher, der hier mit 16 Jahren die vermutlich berühmteste Torte der Welt ersann.

Eine besonders wichtige „Nebenerscheinung“ der beliebten Rindfleischkocherei ist die große

Im Verlauf des 19. Jahrhunderts gelangte die Wiener Küche zu ihrer vollen Blüte. Die Residenzstadt des neuen Kaiserreichs zog immer mehr Bewohner der Kronländer an. Namentlich Böhmen und Mähren erlagen der Verlockung, die Nähe des Kaiserhauses zu suchen. Die meisten Aristokraten brachten in ihre Wiener Palais auch ihren gesamten Hausstaat mit. Dieser Epoche entstammt der Mythos der „böhmischen Herrschaftsköchin“, die mit ihren Liwanzen, Powidltatschkerln und so weiter nachhaltigsten Einfluss auf die Wiener Küche ausübte. Auch derart natürlich, dass viele auch ganz ohne Herrschaft nach Wien zogen und hier in den Dienst großer bürgerlicher Haushalte traten. – Bis zum Ausgleich mit Ungarn 1867 wurde die Wiener Küche vorwiegend von Westen aus beeinflusst, aus Italien (der Legende nach brachte Feldmarschall Radetzky das Mailänder Schnitzel von einem Italienfeldzug nach Wien), Böhmen und Mähren – es wird ja gern vergessen, dass diese Regionen westlich von Wien liegen. Ab 1867 kam die gute Küche auch aus dem Osten, mit Gulasch, Strudel und Palatschinken. – Nichtsdestoweniger trug das wahrscheinlich wichtigste Kompendium der Wiener Küche, erstmals 1858 erschienen, den Titel *Die süddeutsche Küche*. Nach seiner Autorin heißt es aber bis heute nur „die Prato“. Es ist gerade durch die Berücksichtigung zahlreicher Nationalküchen (deutsche, ungarische, südslawische, polnische, böhmische und italienische Rezepte werden neben den österreichischen aufgelistet) das typische Wiener Kochbuch. Vor wenigen Jahren wurde es übrigens in einer Überarbeitung durch Christoph Wagner zum x-ten Mal wieder aufgelegt.

Zu Ende des 19. Jahrhunderts wurde hierzulande eine Entwicklung nachvollzogen, die im Paris nach der Französischen Revolution ihren Anfang genommen hatte. Wurde dort das Restaurant eigentlich erfunden, da die Köche des Hochadels plötzlich auf der Straße standen und ihre Dienste der Öffentlichkeit feilboten, wurde es in Wien hundert Jahre später üblich, in den großen Hotels und Restaurants namhafte Köche anzustellen, die bis dahin fast ausschließlich in Diensten der Aristokratie gestanden waren. Dies führte zu einer noch größeren Verbreitung und Weiterentwicklung der hohen Kochkunst und schließlich 1902 zur Gründung des „Verbands der Köche Österreichs“, der bis heute besteht.

Die Gerichte

In der eingangs erwähnten zweiten Serie von Franz Ruhms *Wiener Küche* aus den 60er Jahren werden allein 72 Rindfleisch-Hauptgerichte angegeben. Einen Kaufherren-Rostbraten oder überbackene Rindsschnitten wird man heutzutage allerdings vergeblich auf den Speisekarten suchen. Ohne Anspruch auf Vollständigkeit lassen sich die Standardgerichte der heutigen Wiener Küche fünf Kategorien zuordnen:

GEBACKENES: Es gibt praktisch nichts Essbares, das vom Wiener nicht paniert und gebacken wird. Wenn man sich die Geschichte der Panier vor Augen führt, ist das auch verständlich. Sie entstand nämlich im Italien der Renaissance, als das Vergolden von Speisen verboten wurde. Ersatzweise versuchte man mit der Eier-Brösel-Hülle – Mehl wurde in Italien nicht verwendet – den Gerichten wenigstens die goldene Farbe zu erhalten. Motiv genug, außer dem Kalbsschnitzel (das als einziges den Namen „Wiener Schnitzel“ führen darf) auch noch Hühnerteile, Schwein, Innereien, Pilze, Sellerie und anderes Gemüse und Fisch mit dem Flair von Reichtum zu versehen. Ein Sonderfall dabei ist das Alt-Wiener Backfleisch: Ursprünglich war dies eine Restlverwertung, bei der das gekochte Rindfleisch vom Vortag mit Senf und Kren eingerieben und dann ebenfalls paniert und herausgebacken wurde. (Die Verwendung der scharfen Würzung legt den Verdacht nahe, dass damit wohl häufig ein schon etwas strengeres Aroma des Fleisches überdeckt werden sollte.) Heutzutage wird für Backfleisch in der Regel Beiried oder Rostbraten verwendet.

Vielfalt an Rindsuppen Einlagen, die den Sonntagstisch des bürgerlichen Wiens bereichern.

GROSSE BRATENSTÜCKE: Brathuhn, der Schweinsbraten im „knoblauch- und kümmelgesättigten Safte", Kalbs(nieren)- und Rahmrindsbraten sowie der Faschierte Braten finden sich auf fast allen Gasthausküchen, obwohl sie ursprünglich der Adelsküche entstammen. Im Gegensatz zum

GEKOCHTEN RINDFLEISCH, das bürgerliche Wurzeln hat. Oft wird behauptet, die verschiedenen Varianten des gekochten Rindfleischs gehörten zu den wenigen wirklich wienerischen Rezepterfindungen. Das kann man nur teilweise gelten lassen. Wie weiter oben erwähnt, gab schon Philippine Welse in Innsbruck Rezepte für gesottenes Rindfleisch mit Kren. Sie hatte es vermutlich aus Südtirol, wo es ursprünglich in Wein gekocht worden war. Das eigentümlich Wienerische von Tafelspitz & Co. sind die klassischen Beilagen, wie Apfel- oder Semmelkren, Schnittlauchsauce, Erdäpfelschmarren (keinesfalls: -rösti!) und Rahmgemüse oder Cremespinat sowie, weltweit einzigartig, die Wiener Teilung des Rindes. Stücke wie Hüferscherzel, Hüferschwanzel oder Mageres Meisel (alle, neben dem Tafelspitz, hervorragend zum Sieden geeignet) haben in keiner anderen Kochtradition eine Entsprechung. Dafür kannte man hierzulande bis in die 1970er Jahre kein T-Bone-Steak. – Eine besonders wichtige „Nebenerscheinung" der beliebten Rindfleischkocherei ist die große Vielfalt an Rindsuppen-Einlagen, die den Sonntagstisch des bürgerlichen Wiens bereichern.

INNEREIENKÜCHE: Sie ist für viele die Königsdisziplin der Wiener Küche. Es kann jedenfalls gelten, dass in einem Lokal, in dem Beuschel, Bruckfleisch und Ähnliches auf hohem Niveau zubereitet werden, auch sonst gut gekocht wird. Umgekehrt kann man von einem guten Schnitzel nicht zwangsläufig eine gute geröstete Leber erwarten. Gesundheitlich betrachtet, muss allerdings gesagt werden, dass Innereien-exzesse wie Gebackenes Hirn oder Bries und die Eingeweide-Apotheose Nierndl mit Hirn ernsthafte Anschläge auf jeden noch so niedrigen Cholesterinspiegel darstellen.

MEHLSPEISEN. Wenn es etwas gibt, wofür die Wiener Küche Weltruf genießt, dann für sie. Die böhmischen süßen Knödel und Mohnnudeln, die ungarischen Strudel, die Torten (wenigstens von ihnen sind tatsächlich viele in Wien erfunden worden) haben Wien zum Image der Zuckerbäckerstadt verholfen. Nicht zu unrecht, wie man sagen muss.

Zu diesen Gerichtegruppen gesellen sich andere in weniger konzentrierter Form, wie die diversen Rostbraten, gedünstetes und geschmortes Fleisch und mehr. Nur auf dem Gebiet der Fischküche hat Wien wenig hervorgebracht.

Die zeitgenössische Küche

Im und nach dem Zweiten Weltkrieg war die Wiener Küchentradition mehr oder weniger zerstört. Es fehlte an allem, Fleisch und Fett waren rationiert, der eingangs zitierte Franz Ruhm gab in seinen Rezepten die benötigte Menge an Lebensmittelmarken genauso an wie die fürs Mehl. Letzteres war in den Nachkriegsjahren wichtiger als guter Geschmack; es war die Zeit, in der fast jedes Essen von einer Einbrennsauce begleitet wurde, da es galt, die Ernährungsmängel auszugleichen und mit geringen Mitteln große Sättigung hervorzurufen. Dies gilt allerdings natürlich nicht nur für Wien, sondern für alle am Krieg beteiligten Länder. Es schädigte aber den Ruf der Wiener Küche vor allem bei der damals jungen Generation nachhaltig. In der Folge und als Reaktion auf die Mehlpappküche der Fünfziger wurde in den 60er Jahren ein ganz anderer, vorgeblich gesunder Trend propagiert, eine Art internationaler Grillküche, aus der sich bis heute einige Elemente – der Grillteller, der Zigeunerspieß etc. – auf vielen Gasthauskarten gehalten haben. Er hatte aber zur Begleiterscheinung, dass völlig egal wurde, woher ein Rohprodukt kam. Was zu haben war, wurde verwendet, und ob es aus einer ▸

Konserve kam, war egal, wenn es nur international klang. Nie zuvor und danach wurden in Wien so viele Pommes frites serviert und mit den berüchtigten „Roten Burlis" garniert, eingelegten Paprikastreiferln aus der Dose. Es dauerte bis in die späten 70er Jahre, bis sich einige Köche der ursprünglichen Qualitäten besannen.

Inspiriert von der französischen Nouvelle Cuisine, schlossen sich neun Wiener Leitbetriebe zur Gruppe „Neue Wiener Küche" (NWK) zusammen und machten ein Jahrzehnt lang Furore. Sie veröffentlichten die „10 Gebote der Neuen Wiener Küche", darunter: Es werden nur frische Produkte von höchster Qualität verwendet, und nur dann, wenn sie gerade Saison haben. Zu lange Garzeiten werden vermieden, Konserven werden aus der Küche verbannt, ebenso das Mehl aus den Saucen und vieles mehr. Das ergab einen wirklich sensationellen Qualitätsaufschwung in der gehobenen Gastronomie, gemeinsam mit der gleichzeitig einsetzenden Welle der leichten neuen Regionalküchen in allen Teilen Österreichs, ja Europas. Die gute Küche schien langfristig rehabilitiert. – Zehn, fünfzehn Jahre später waren allerdings die NWK-Betriebe entweder, wie das „Steirereck", im Luxussegment gelandet oder, wie „Sailer" oder „Steinerne Eule", geschlossen.

Auf den Prinzipien der NWK bauten viele andere Betriebe auf. So haben sich die saisonale Orientierung und die Verwendung möglichst frischer Zutaten bis in tiefe Schichten der Wiener Gastronomie herumgesprochen. Dort, an der Basis, regieren nach wie vor die Schnitzel und die Schweinsbraten, die in der NWK verpönt waren. Die diversen Trends der letzten Jahrzehnte hat man hier vor allem in Form von Spezialitätenwochen, z. B. mit Spargel oder Wild, aufgegriffen. So dann und wann wird auch weiterhin in den großen Topf mit dem Fertigsalat oder der Convenience-Sauce gegriffen, die aber seit den 60ern natürlich weiterentwickelt worden sind. Ein kritischer Esser ist nach wie vor gefragt, um den Betrieben jenes Feedback zu geben, das die Qualität zu erhalten hilft. Jedenfalls floriert das Wiener Wirtshauswesen heute vermutlich wie noch nie, während die Spitzengastronomie der Krise Tribut zollt.

Der *Star*koch *ist* tot, es lebe *der* Wirt.

TEXT VON RAINER NOWAK

Natürlich ist auch die Aufgabenstellung an die Küche nicht gerade dazu angetan, sich als Koch selbst zu verwirklichen. Hier geht es im Idealfall um goldenes Handwerk.

Den nächsten Starkoch, der lautstark davon träumt, ein kleines Wirtshaus mit lokalen Produkten und entspannter Atmosphäre zu führen, sollte man zwingen, sich den Rest seines Lebens ausschließlich von Amuse-Gueule zu ernähren. Was kann das Wirtshaus dafür, wenn es der hohen Gastronomie schlecht geht? Und vor allem: Wieso eigentlich glaubt jeder Spezialist für teure Schäume, wilde Kombinationen und viel Beiwerk am Teller, dass er mir nichts, dir nichts einfach so ein Wirtshaus führen kann? Die wichtigste kulinarische Einrichtung des Landes? Ja, wichtiger als das Kaffeehaus und der Heurige oder wurde dort schon irgendwer richtig glücklich und vor allem satt?

Wobei: Viele glauben, dass ähnlich dem Kaffeehaus der viel zitierte Grant zum Wirtshaus und seinen Köpfen gehört. Genau genommen ist das Gegenteil der Fall: Der Wirt muss freundlich sein. Muss die genaue Mischung von Fürsorge – „Ein Kalbswiener zu den alten Reben würd Ihnen guttun" – und Ehrlichkeit – „Lassen S' das: Mozzarella mit Tomaten ist nicht typisch und empfehlenswert, mittags mögen das aber eben ein paar Gäste" – treffen. Und natürlich unterhalten. Wer wöchentlich mit dem alten Freundes- oder Familienkreis tafeln muss, freut sich über jeden guten Schmäh.

Aber die Wirtshaus-Träume sind nicht ganz unverständlich: Während in der Gastronomie mit dem zweifelhaften Attribut „Luxus" die Restaurants mangels funktionierendem Finanzierungskonzept aufgeben, boomen die Wirtshäuser der Stadt. Das hat natürlich auch mit den sparsamen Gästen zu tun, aber wohl auch mit der neuen bevorzugten Eigenschaft: der Bescheidenheit.

Wirtshäuser kennen den Unterschied reich und arm nicht, die kennen nur eines: Stammgast und Nicht-Stammgast. Wobei sich der Laufkunde in einem guten Wirtshaus eben auch nicht fürchten muss, er weiß, was ihn erwartet. Also etwa kein Starkoch.

Dass es einen solchen in Wirtshäusern nicht gibt, verschweigen die aufgeregten Restaurantkritiken häufig. Man kennt vielleicht den Wirt, selten aber den Koch. Natürlich gibt es Ausnahmen. Wer würde nicht Gerti Sodoma vom Wirtshaus „Zur Sonne" in Tulln preisen? Aber im Regelfall kennen nur Fress-Spezialisten und Stammgäste den Koch mit vollem Namen. Um bei der Ausnahme zu bleiben und mit ihr die Regel zu bestätigen: Es sind sehr häufig die Ehefrauen der Wirte, die Küche und damit Seele bekannter Institutionen führen: Neben Gerti Sodoma wären da etwa Brigitta Grünauer, Maria Zarl-Eckel und Berta Meixner zu nennen. Ohne die Verdienste ihrer Männer im Nahkampf mit dem Gast schmälern zu wollen und ohne die kreativen Höhenflüge vieler ihrer männlichen Kollegen zu unterschätzen: Wirklich gerecht ist die Rollenverteilung zwar nicht, im Ergebnis aber, man möge dem männlichen Autor verzeihen, ziemlich gut.

Natürlich gibt es da noch ein anderes Argument für die gefühlte Anonymität der Wirtshaus-Köche und -Köchinnen. Kaum ein anderer Lokaltyp funktioniert so demokratisch und so egalitär. Da in vielen dieser gastronomischen Urzellen der viel zitierte Arbeiter auf den mittlerweile in Medien ebenfalls häufig auftauchenden Banker trifft, gibt es keine Hierarchien, die die Entwicklung von Stars fördern. Man stelle sich vor, der Koch kommt um die Schank und macht seine Aufwartung. Hier redet man nicht über das Essen, man verzehrt und genießt es.

Natürlich ist auch die Aufgabenstellung an die Küche nicht gerade dazu angetan, sich als Koch selbst zu verwirklichen. Hier geht es im Idealfall um goldenes Handwerk: beim Schnitzel Kalb, Panier und Schmalz perfekt behandeln bzw. einsetzen, beim Gulasch die ideale Dosierung von Zwiebel und Paprika treffen, mit Innereien umgehen können, Palatschinken quasi aus dem Ärmel schütteln. Also alles, was man in einer Kochlehre eigentlich mitnehmen müsste, aber bei vielen verloren ging.

Vielleicht ist das aber ganz genau die Chance der Sparsamkeit und der – auch dadurch ausgelösten – Wirtshaus-Renaissance: Wenn nur noch dort etwas passiert, wenn nur noch dort Gäste und Köche glücklich sind, werden auch die Köche bekannter. Wir müssen sie ja nicht gleich wieder Stars nennen.

Foto: Michael Reidinger

The Beisl *Beisl* (sometimes spelled *Beisel*) is an Austrian term for a small restaurant or pub. Related in spirit to the Italian *trattoria*, it is roughly the equivalent of what the Germans call a *Kneipe* and the Swiss a *Beize*. A *Beisl* is usually closely connected socially with its neighbourhood. Typical features are the bar and bank of refrigerators behind it, wood-panelled walls, hooks on the wall for hanging up jackets, etc. (instead of a coat-stand), flexible room dividers, wooden tables, sometimes checked tablecloths, a blackboard listing the food and beverages, a salt/pepper/spice-sauce/toothpick set on each table, and a sign identifying the table where the regulars always sit. These elements may vary or in the case of a "noble" *Beisl* may be found in a higher form or be absent entirely (e.g., the spice sauce and toothpicks).

Vienna's *Beisln*

English summaries by John Winbigler

Gustl Bauer

Pfudl

1 INNERE STADT

GUSTL BAUER

Drahtgasse 2, 1010 Vienna
tel. 01/533 58 89
www.gustl-bauer.at.tc

TRIPLY ATTRACTIVE.

This inner-city institution has celebrated good and endured bad times, but it has usually enjoyed a special place in the hearts of the city's mayors. It is difficult to say how the place originally looked. In the early 1980s the addition of a winter garden provided three times as much seating as before. That may have made the exterior look a bit like a modern ski hut, but fortunately little changed in the original interior, which dates from 1937. A nickname explains how Gustl Bauer survived for so long with so few seats: "*Fiakerbeisl*" ("the coachmen's pub") is a place that the fiacre drivers come to have a drink while standing at the bar.

Over the past 40 years another professional group has joined the coachmen: Vienna's mayors. The late Helmut Zilk was a regular as early as 1967, and there are photographs to prove it. The current mayor, Michael Häupl, has been coming here regularly for a pick-me-up since the days of his youth, and there is photographic evidence of that as well. After Gustl Bauer II retired in 1997, the place seemed headed for culinary obscurity, but in 2006 Kurt Weber brought it back to life. The menu now focuses once again on classic Viennese cuisine in an uncompromising manner: *Schnitzel* (breaded veal cutlet), fried chicken and *Tafelspitz* (prime boiled beef) are complemented by various typical offal dishes, and the wines on offer are above average.

PFUDL

Bäckerstrasse 22, 1010 Vienna
tel. 01/512 67 05
www.gasthauspfudl.at

NEWLY REVIVED TRADITION.

Pfudl was founded a hundred years ago by eponymous winegrowers, who stocked the restaurant cellar with barrels of their own vintages, selling wine to take away as well. It was a winning combination that quickly brought them lasting success. Today's owner began her career in the cosmetics industry but switched to gastronomy in 2008, and she has made no concessions to modern culinary fashion. The fine food has remained the same, as has the clientele of well-heeled locals. Both are rather conservative, and the cuisine is appropriately classic: *Kalbsbutterschnitzel* (ground veal with mashed potatoes), *Zwiebelrostbraten* (fried beef and onions in gravy), *Tafelspitz* (prime boiled beef with the usual side dishes of potatoes, chive sauce and apple-flavoured horseradish) and fried chicken. The quality is extremely high, and the prices are quite reasonable for the inner city. The featured beer, Hubertus Bräu, is unfortunately rarely found in Vienna, and the wines are high-quality Austria vintages.

REINTHALER

Gluckgasse 5, 1010 Vienna
tel. 01/512 33 66

A *BEISL* MONUMENT.

A monument to the Viennese pub called the *Beisl*, Reinthaler has been in the same place since the 1930s and seems to have changed very little in the meantime. While the original furnishings got the "melamine treatment" that was common in the 1960s, the look today almost seems antique. The old bar, the equally antiquated but still functional lighting and the partition that screens off the front all say "original" loud and clear.

Reinthaler is one of the last true *Beisln* in Vienna's inner city. The location near the State Opera and Albertina would make the rent prohibitively expensive if one were trying to open a new pub of

Photos: Michael Reidinger, Peter M. Mayr

Reinthaler

such respectable size in the area, but old leases were cheaper. In warm weather, the small area of open-air seating is irresistible to passing tourists. Otherwise the clientele is a cross-section of all social classes, from bricklayers to concert pianists. The menu is not large, nor are the portions for big eaters, and the *Grammelknödel* (crackling dumplings) with sauerkraut make a rather hard landing upon entering the stomach. The menu of the day features standard Viennese cuisine, from liver-dumpling soup to *Bauernschmaus* (a hardy plateful of meat, sausages, dumplings and sauerkraut). After lunch here, it's usually time for a nap, especially if you've washed it down with Gösser Bier. Regular customers are used to it and go right back to work.

ZU DEN 3 HACKEN
Singerstrasse 28, 1010 Vienna
tel. 01/512 58 95
www.vinum-wien.at

THE PERFECT ILLUSION OF TRADITION. No one can remember a time when there was no Drei Hacken. That's because it's been here forever. That brings with it a sense of responsibility, and that's why the place still looks so much like the old engravings, the cuisine is unmistakably Viennese, and every effort is made to avoid anything that might suggest that this is not the real thing.

Eight years ago Josefine Zawadil took over the legendary restaurant, which was frequented by Franz Schubert and his mates in the early 19th century. She kept the renovation on the invisible level but constantly improved the cuisine and introduced a fine list of wines. That not only attracted tourists in search of the "real Vienna" but also a lot of local gourmets, creating a combination that is seldom found in the city.

Zawadil made a strategic and extremely wise decision to leave it well enough alone in other respects and to open the Drei Hacken Magazin three doors up the street, where she could try innovating, specialising and experimenting. In Drei Hacken itself, things remain the way they should be and always were. Or at least the way one imagines they always should have been. The *Rindsroulade* (beef olive) is the way Austrian grandmothers used to make it, and Schubert and his mates probably never had it so good. So much the better for us.

2 LEOPOLD-STADT

AM NORDPOL 3
Nordwestbahnstrasse 17, 1020 Vienna
tel. 01/333 58 54
www.amnordpol3.at

THE COLOURS OF THE NORTH. Is Bohemian cuisine an integral part of Viennese cookery? Is a *Beisl* still a *Beisl* when you can't see the *Beisl* anymore? Yes and Yes. Back in the 1980s the tiny bar called Drei Buchteln enjoyed cult status. With its more-or-less open kitchen, questionable ventilation and unmentionable sanitary installations, it wasn't cool even on the terms of the late '80s. But Vratislav Krivák turned out Bohemian cuisine of a type unheard of at the time: incredibly hearty, heavy, fat and honest.

At some point the place closed, and Krivák moved into a former pizzeria nearby (where the current Drei Buchteln remains today). There he continued to prepare the same cuisine for middle-class diners before moving in 2002 into a huge, dilapidated and vacant restaurant on the northern edge of Vienna's Augarten Park and thus on the edge of civilisation. It had heavy floorboards, lamps that had wanly cast their pale light on decades of tipplers, a bar completely out of plumb, and a bench that opened into a cot for the kitchen boy. In short, it was a dark and dusty restaurant museum. Krivák immediately introduced his tried-and-

Am Nordpol 3

true menu: his incomparable *Kuttelsuppe* (tripe soup), *Brimsen-Halusky* (cheese dumplings), and what was probably the finest meatloaf in the city, if not the world. And he brought colour to the Gasthaus zum Nordpol, mostly in the form of pictures on the walls. A wide variety of people came in droves, including a few of his former customers, and Nordpol now has a more heterogeneous clientele than almost any other place in Vienna.

BRÜCKENBEISL

Mexikoplatz 20, 1020 Vienna
tel. 01/726 47 08

A BRIDGE TO THE PAST.

There's more to one side to the Mexikoplatz ("Mexico Square") neighbourhood, and one of them is the magnificent church and this wonderful *Beisl* nearby. The square was not always the venue for obscure retail businesses it became in recent decades. Now that many of those businesses have moved to the Internet, it's regaining a bit of the elegance it enjoyed in former days, as seen in the splendid boulevards and parks, and not least in the last fine neighbourhood eatery, the Brückenbeisl. Owner Inge Trappmaier can recite a long list of prominent persons who came to her place long before the concept of an "in restaurant" even existed. They came for her good plain cooking, which had a reputation far beyond the boundaries of the district.

Mexikoplatz is quieter today, the traffic now directed across an elevated ramp to the Reichsbrücke a hundred metres away. Brückenbeisl is now open only at midday, and Mrs. Trappmaier would like to retire some time soon. There was talk of selling to a new owner, but the prominent chef balked at the cost of renovation and remodelling. That means there's only a limited time left if you still want to taste Inge Trappmaier's legendary goulash (and you can't get it every day: she puts it on the menu only when the taste and consistency meet her high standards). So it may be only a matter of time, but of course we've heard that about many another wonderful *Beisl* …

HANSY

Praterstrasse 67, 1020 Vienna
tel. 01/214 53 63,
www.hansy-braeu.at

THE PLACE WITH THE TILES.

Located on one of Vienna's busiest streets, Praterstrasse, Hansy is familiar to just about everybody. Perhaps not everyone knows that "Hansy" is the name, but they all recognise the familiar turquoise and white tiles on the façade, because that alone makes Hansy practically unique. The only similar place is Smutny near the State Opera, and both places were once owned by the same proprietor who hired the same designer for the two façades.

Twelve years ago Hansy was acquired by Wolfgang Lehmann, the son of an old family of Viennese market retailers. He had learned his trade as a ship's cook before taking over the kitchen at Vienna's legendary Pfiff um die Ecke in the 1980s. He left Hansy's design untouched: the light wood, the yellow walls and the panoramic photographic wallpaper of Old Vienna. Instead, he devoted his attention to renovating the menu. It features Viennese classics at a high standard along with seasonal specialities to the extent that Viennese cuisine permits them (it's not the most flexible in the world). In November there's an incredible range of dishes featuring chamois, and in spring there is young venison breaded and fried as *Schnitzel*, roasted, stewed, etc. Hansy's kitchen also does wonderful things with chanterelles and asparagus but without departing from Viennese traditions. And speaking of Vienna: all the wines served here come from the Austrian capital, some 30 in all, ranging from Ambrositsch to Zahel. And the beer comes from a well-known brewery in the city's sixteenth district where a special brew is made just for Hansy.

Photos: Michael Reidinger, Peter M. Mayr

Brückenbeisl

Hansy

Ohrfandl

Wild

3

LAND-
STRASSE

OHRFANDL

Seidlgasse 36
1030 Vienna
tel. 01/712 45 82-22

ONE STOREY HIGHER.

Ohrfandl is a relic of a former wine-house era, and its first-storey location makes it one of the more unusual restaurants in Vienna. If it's summer and you're sitting outside, Ohrfandl is a place like any other for enjoying big portions of good solid food at reasonable prices. It only starts seeming unique if you're seated inside, because inside is upstairs, and the upstairs room is huge. A mural painting depicts the winegrowing town of Gumpoldskirchen at a time when it enjoyed a reputation for fine wine and was still more than fifteen minutes away from Vienna by train or car.

There are wine barrels and the lyrics to "The Song of Wine" in keeping with the general theme of country inns selling new wine. Unfortunately the formerly dark, heavy wooden furniture has been replaced by normal chairs, but unquestionably the most impressive detail of Ohrfandl decoration remains: the incredibly heavy wooden lighting fixtures fastened to the wall with massive chains. Painted in the typical wine-bar colours of brown, red and green, they are decorated with wooden figurines depicting the lives of winegrowers in former times. All in all, they are like floating spaceships from a strange and different world, making it hard to take one's eyes off this feast for the eyes. And speaking of feasts: Ohrfandl's culinary approach is a rather direct one – big portions of mostly fried food. The quality of the fare is flawless, however, and fits quite well with the very special Ohrfandl atmosphere.

WILD

Radetzkyplatz 1, 1030 Vienna
tel. 01/920 94 77

NEW BEISL SPLENDOUR.

Some ten years ago this was one of the most primitive *Beisln* in town with an interior from the 1930s, bad food, surly waiters and only one thing to recommend it: a large outdoor seating area on Radetzky Square. After a long period of infirmity it finally closed before being taken over by the folks from Amacord, a popular place on Vienna' Naschmarkt.

They worked wonders: they cleaned up the place, leaving the original style largely intact, and improved the food immeasurably. The menu is a mixture of classic Viennese cuisine, such as a fine *Schnitzel* with potato salad or a truly outstanding *Beuschel* (finely chopped lights), but there are wonderful new creations as well: duck-liver parfait with sour chanterelles and brioche, fried veal sweetbreads with *Krautfleckerln* (cabbage and noodles) and stew of young wild boar with Parmesan dumplings. It may not sound like it all goes together, but it does so in complete harmony. And the beverages on offer are the perfect complement: along with fine beer on draft and reasonably priced house wines there are also any number of fine vintages available by the glass and an excellent wine list that covers Austria from one end to the other. In other words: this is state of the (gastronomic) art.

WINKLERS ZUM POSTHORN

Posthorngasse 6, 1030 Vienna
tel. 01/941 39 24

COACHMEN, ENTER HERE!

The Posthorn has been a fixture since 1870 but first came to real fame in the 1960s, initially as Steffi's Posthorn and later as Bei Max, when it was probably the only place in Vienna offering the cuisine of the southern Austrian province of Carinthia. It was a bit of an in-restaurant at the time and was frequented in the truest sense of the word by the Austrian actor Helmut Qualtinger.

Today the Posthorn is truly Viennese again: *Geröstete Knödel* (sliced bread dumplings) with egg, beef goulash with bread rolls, roast pork with dumplings and cabbage salad, and *Schnitzel vom Schwein* (breaded pork cutlet). Who misses Carinthia?

The neighbouring province of Styria, however, provides some of the fine wines by the bottle, which are very reasonably priced. The motto here might be: less is more, and that applies to the prices as well. They make it possible to enjoy more fine food, and when you can't eat another bite, there's still the wine list to be considered. The above-mentioned motto also applies to the furnishings, which have largely been left untouched from previous owners. Nothing much has changed in the last ten or twenty years, and that's the way it should be.

SAGMEISTER

Schimmelgasse 9, 1030 Vienna
tel. 01/713 31 99
www.gasthaus-sagmeister.at

BRUTALLY DELICIOUS.

Some villages have nothing to recommend them but their pubs, and the Erdberg area of Vienna was once such a village. The unfriendly urban wasteland has three remarkable culinary institutions: Schuh was once one of the city's loveliest old *Beisln*, but today it is an unremarkable wood-and-brass restaurant, Da Paolo is a nondescript Italo-Croatian place with outstanding fish, and then there's Sagmeister.

Sagmeister is a "brutal" restaurant. That is not to suggest a clientele prone to violence; it's a reference to the restaurant's brutally uninhibited style, which could not be more tasteless. The furnishings are garishly rustic, while the menu and website are filled with an "originality" and "humour" worthy of the quotation marks. But the contents of the plates, bowls and glasses are simply the way they should be, improbable as it may seem, given the fact that most of the fried foods, for example, are served with chips and (!) curried rice (!). They're simply wonderful, however, and the *Tafelspitz* (prime boiled beef) is about the best in town.

The Sagmeister family moved to Vienna from southeastern Austria in 1957 with the goal of becoming a Schimmelgasse fixture. They have succeeded. The means to that end were excellent training, ambition, a sense of quality and a number of fine suppliers from their home region, and they still have all of the above. And, as the menu says: "If you have trouble, check with your doctor or pharmacist."

HERLITSCHKA

Traungasse 1, 1030 Vienna
tel. 01/713 43 81
www.herlitschka.at

COOKING ROUND THE CORNER.

Herlitschka is one of the few successful examples of not only launching a new *Beisl* but subsequently changing its location as well. It is now in one of those lovely places in Vienna where the light shines down from a certain angle, where the façades of the old buildings are lovely, and where the narrow streets are not quite straight. It's set beneath the passageway leading from Traungasse to Salesianergasse, and there are steps, arcades, columns and cobblestones that make it a lovely place to sit outside.

But that's not where Wilfried and Wiesia Herlitschka first opened their restaurant in the early 1990s. No, they were around the corner in the former Gasthaus Wurzinger, which they turned it into a beautiful and extremely popular place. And that sealed its fate: when they realised that the former Wurzinger was simply too old and too small, they moved around the corner in 2003 to the location where they are now. The vaulted rooms had previously housed a locksmith's shop, so the Herlitschkas brought many of the Wurzinger furnishings with them, including the lovely old Bretschneider bar. The lamps are new, but a bit of elbow grease made them look old. Of course the Herlitschkas lost a bit of authenticity in the move, but what they gained was one of the city's most beautiful outside seating areas, beneath the arcade on an almost deserted street corner. Not the old Herlitschka, perhaps, but an extremely nice new one.

Winklers Zum Posthorn

Sagmeister

Herlitschka

Photos: Michael Reidinger

4 WIEDEN

DAS WIRTSHAUS

Johann-Strauss-Gasse 42
1040 Vienna
tel.: 01/503 15 56

HERE SINCE WAY BACK WHEN.

Wirtshaus has been here since 1908 but was originally called Gasthaus Eder. A descendant of the original owner is close to 100 years old and rented the place some 15 years ago to a couple from southern Austria, Ingrid Fürst and Christoph Scharner, relying on them not to turn the place into a Chinese restaurant or pizzeria.

Wirtshaus has remained an exemplary *Beisl*. Its typical furnishings were left unchanged in the classic trinity of rooms that makes for a good pub: taproom, pub room and extra dining room. The standard menu is small, featuring *Frittaten*, *Grießnockerl* and *Leberknödel* soups (sliced pancake, semolina dumpling and liver dumpling, respectively), open-faced sandwiches with sardines and onions, a couple of warm sandwiches, goulash, and *Schnitzel* (in four variations). The menu of the day provides a change of pace, often focusing on a particular Austrian region, including, of course, the owner's native Styria.

The wine list is remarkable. Again there's a focus on Styria, but what other *Beisl* offers almost 20 vintages from Spain along with a few from Hungary and a Château Sociando-Mallet (a 1997 for 60 euros!)? The extremely friendly wait staff is knowledgeable as well.

SPERL

Karolinengasse 13, 1040 Vienna
tel. 01/504 73 34
www.restaurant-sperl.at

VARIED LANDSCAPE.

Far off the beaten track, almost unchanged over the decades, and devoid of marketing or PR, Sperl has nevertheless remained popular and beloved. There are several good reasons. Sperl's garden is in a category of its own: shaded by a wine arbour and thickly planted, surrounded by balconies and the outdoor arcades that provide access to the upper floors, the garden is about as intimate as it gets. Perhaps a modern landscape gardener could improve the design, but it's not going to happen.

The garden has its own gate leading directly to the street, but it can also be accessed through a picturesque, old dining room. There is also a taproom with an ancient dispensing unit, and it has only become lovelier over the decades. There is lots of wood everywhere, and though it doesn't all go together, the wild mixture of competing eras is part of Sperl's charm.

The menu rests on two main pillars: *Beisl* classics such as *Vanillerostbraten* ("vanilla roast beef" where the "vanilla" is really garlic) and liver, either fried or roast, on the one hand and reminders of 1980s cuisine such as pork medallions with Cognac-pepper sauce and potato croquettes or Tyrolean-style beef liver with onions on the other. The latter is so retro that it's hard to imagine anything more hip. But it's not really retro: it's Sperl and it's wonderful.

UBL

Pressgasse 26, 1040 Vienna
tel. 01/587 64 37

A QUESTION OF TIME.

This Vienna pub writes its own rules, but the Viennese are used to rules, and it has only added to the Ubl legend. Time is important here. The place has been a pub for some 130 years, and nothing much has changed since the 1920s. Timelessness is in the air, bringing with it the strange feeling of taking part in the everyday life of another era, but without the artificiality of a museum. For many years the Ubl sisters took turns running the place on alternate days, contributing to the legend. In addition, Ubl has a big clock hanging on the wall, and that's good, because the closing times are sacred: the earth would probably open up and swallow anyone attempting to linger over lunch after 2pm. No one is sure, because no one has ever tried. At the same time, it's quite easy to forget time when you're dining at Ubl because the place is so lovely, so authentic. The decades have created an incredible harmony in nuances of brown and black, with a wonderfully preserved old bar, a cast-iron stove, rugged furniture, oiled wooden floors, an enchanting garden on the Mühlgasse side, archetypical sounds and archetypical aromas. Classic Viennese cuisine in a more-or-less uncompromising form is the order of the day. In any case *Schnitzel* is not only a culinary option but also quasi part of the aesthetic fabric. Here the *Kochsalat* (braised lettuce) is a delicacy, and the parsley potatoes can make one weep for joy. Up to 2pm, that is.

5
MARGA-
RETEN

ZUR GOLDENEN GLOCKE

Schönbrunner Strasse 8, 1050 Vienna
tel. 01/587 57 67
www.zur-goldenen-glocke.at

DINING WITH SCHUBERT. The "Golden Bell" has been here since 1886 but has had its most celebrated feature only since the 1920s: the giant mural painting in the courtyard. Many generations of customers have admired it and tried to identify the celebrities depicted here, who include Franz Schubert. For decades the garden was the restaurant's main drawing card, and it contributed to the district's reputation of having particularly nice ones (other examples: Altes Fassl, Silberwirt and Waldviertlerhof).

But people also came for the cuisine. New owners took over in the 1990s, and there has been a succession of fine cooks who learned their trade at some of Austria's top restaurants. Nevertheless, the menu remains extremely traditional. There is always a dish with boiled beef and the resulting fine soup along with all the classics of Viennese cuisine. The menu of the day may range farther afield, offering, for example, beef tartare or Chateaubriand for two, the kinds of specialities that attracted a demanding Austrian clientele back in the 1960s. Today it seems more like a pleasant form of time travel. The prices are more like those of a "real" restaurant, the wine list is ample, and all the current special menu items are listed on the Website.

HAAS BEISL

Margaretenstrasse 74, 1050 Vienna
tel. 01/586 25 52
www.haasbeisl.at

FOR THRIFTY WINE FREAKS. In the loveliest part of the fifth district lies one of the area's loveliest pubs. The Haas Beisl's façade shows the handiwork of painter Wolfgang Hutter, a Fantastic Realist, and while there are no fabulous beasts dancing across the wall, the look is anything but typical *Beisl*. But that's only the exterior. Inside, Haas couldn't be more typical, with an old bar, padded benches, smart lighting fixtures and genre pictures on the walls. The clientele is solid middle class and so are the prices.

The classic Viennese cuisine has a Styrian accent that betrays the origins of the chef. Her *Bauernteller* ("Farmer's Plate") differs from the usual in that the sausages are fine *Bratwürstel* instead of the typical frankfurters, and they are accompanied by a fantastic *Ritschert* (ham and barley stew). The pork dishes are outstanding, as is almost everything on offer here.

The incredible list of Austrian wines by the bottle puts the competition in the shade. Pöckl's Admiral and Krutzler's Perwolff, for example, are available in a wide range of vintage years. The prices are calculated to be easy on the diner's budget. Asked why all the Admiral vintage years cost the same, Mr. Haas responds: "Because it's easier for us that way."

RUDI'S BEISL

Wiedner Hauptstrasse 88
1050 Vienna
tel. 01/544 51 02

LOOKS ARE DECEIVING. The "Rudi" of Rudi's Beisl is actually named Christian, and the look of the Beisl might lead one to expect *souvlaki*. Names and appearances are deceptive.

Is football, like spritzers, beer, goulash, and liver dumplings, a ubiquitous part of a Viennese *Beisl*? It doesn't have to be, although it is always a popular topic of conversation. But there's something sacred about football at Rudi's because it was founded some 30 years ago by Rudi Stark, the 18-year-old who in 1961 scored a goal from a distance of 25 metres, bringing the European Cup match between Austria and Benfica Lisbon to a 1:1 draw. Although Rudi retired ten years ago and sold the place to his chef, Christian Wanek, the place is filled with devotional football objects that share the small space with lots of other stuff.

Rudi's Beisl had a moment of glory in 1995 when it was described and praised by the renowned restaurant critic Wolfram Siebeck. There was no way of remaining an inside tip after that, making it difficult for non-regulars to find a seat, especially since they were competing with other non-regulars that included Austrian chancellors, bank directors and football heroes.

Among the many fine dishes offered here in legendary portions, the *Alt-Wiener Backfleisch* ("old Vienna fried meat") is truly special: a generous slice of beef is boiled until tender and coated with mustard and horseradish before being fried in batter. The dish had practically died out before being rediscovered by Rudi's. Wanek now focuses on two kinds of cuisine, traditional Viennese on the one hand and contemporary dishes on the other. That doesn't bother anyone; they're too busy being grateful for having found a seat.

Zur Goldenen Glocke

Haas Beisl

Rudi's Beisl

Photos: Philipp Horak

Steman

Zur eisernen Zeit

6

MARIAHILF

STEMAN

Otto-Bauer-Gasse 7, 1060 Vienna
tel. 01/597 85 09,

SCHNITZEL WITH DIGNITY.

The name can be irritating at first. What's a *Steman?* Is it a Czech word? No, it's a combination of the two owners' first names: Stefan Schiffner and Manfred Haas. They took over the traditional pub in 1999 with the help of a public fund designed to preserve pubs worth preserving.

It worked well in this case. The taproom with its monolith of a red-painted refrigerator exudes atmosphere and, like everything else here, seems simple, almost timeless. The extra dining room that was pressed into service when Austria introduced its rather complicated smoking laws is separated by the kind of glass-and-wood partition that is part of the traditional design of Viennese pubs. It has an oiled herring-bone parquet floor and lamps painted brown. the windows are high, the tablecloths white, and the place really feels like a dining room. This is a room with dignity, a space where the tradition of the old Viennese restaurant remains alive. While the cuisine also reflects that tradition, there is no hint of dogma. The menu features pork liver, either breaded and fried or sliced and roasted in the pan and *Schinkenfleckerl* (noodle casserole with ham). The *Schnitzel* is fried in lots of clarified butter, and the potato salad is just the way it should be and has always been. There is also new Austrian cuisine for a clientele that is mostly young, urbane and creative, but a pub that looks as nice as this one is free to do as it likes.

ZUR EISERNEN ZEIT

Naschmarkt Stand 316, 1060 Vienna
tel. 01/587 03 31

BACK TO THE IRON AGE.

The Naschmarkt, the huge outdoor produce market on the edge of the inner city, is familiar to all Vienna locals and most visitors. In recent years it has also become home to a large number of eateries, and the customers have also become a familiar sight: beautiful, successful young people wearing expensive sunglasses, who come here in droves at the weekend or any time the sun is shining for a beer, Prosecco or an Aperol with mineral water to accompany their red, green and yellow Thai curry, prosciutto, avocado maki or Vietnamese spring roll.

But the Naschmarkt remains first and foremost a market, and there is at least one restaurant that remains a bulwark against the fun-and-lifestyle crowd: Zur eisernen Zeit ("Iron Age"). The name stems from the fact that it was built during the First World War, a period contemporaries called the "Iron Age" because of the general feeling of malaise prompted by a devalued currency and worthless war bonds.

The pub called Iron Age has become a feature of Naschmarkt joie de vivre, but it remains a bit different from the other places. Perhaps it's the anything-but-odourless ancient wood; perhaps it's the yellow lighting that lends the place the character of a station restaurant, perhaps it's the legendary goulash cast in the role of king: it's more greasy, oniony, tender and better than you'll find anywhere else (and the supporting players are no lighter: fried chicken, *Schnitzel*, smoked sausage and *Cordon Bleu* (Schnitzel stuffed with ham and cheese). And then there's the clientele, quietly playing cards as though having taken refuge from the beautiful, successful smart-phone crowd and drinking their beer as though Aperol with mineral water had never been invented.

7

NEUBAU

GRÜNAUER

Hermanngasse 32, 1070 Vienna
tel. 01/526 40 80

"O STAY! THOU ART SO FAIR!" (GOETHE)

Grünauer is an icon, and though it may not be with us much longer, the cuisine is none the worse for it. On the contrary. In the mid-1980s the Grünauers took over the place their parents had been running since 1957. What changed? Not much. Brigitta and Martha Grünauer did not attempt to reinvent Viennese cuisine. They simply tried to make it a bit better, finer and more delicate, and they did so in a way that everyone could effortlessly accept. Then there was the wine list, of unheard-of breadth and quality for such a restaurant: new wines from Styria, Wachau, Piedmont, Tuscany and Bordeaux from an up-and-coming generation of winemakers and presented knowledgably and enthusiastically by Martin Grünauer.

And then there was the fact that Grünauer, unlike many of its counterparts, was bright and fresh instead of dark and dim. Over the decades four different restaurant guides have showered their awards on Grünauer, as though to demonstrate that this unique place is anything but a passing fad. Grünauer was always good and remains as good as ever today. The menu has hardly changed in 25 years: Letschobraten (pork in pepper, onion and tomato sauce), *Kaiserfleisch* (smoked pork chops) with lentils, *Vanillerostbraten* ("vanilla roast beef" where the "vanilla" is really garlic) and *Kalbstafelspitz* (prime boiled veal). For some time now the Grünauers have been seeking a successor so that they can retire. They haven't found one yet, but we wish them all the success in the world.

HAUSMAIR'S GASTSTÄTTE

Lerchenfelder Strasse 73, 1070 Vienna
tel. 0676/754 60 18
www.hausmair.at

NEW BEGINNINGS FOR AN ICON.

"Nothing better comes after" is an old German expression, but sometimes things change a bit and remain as good as before. That's the case with Hausmair's.

Its predecessor had grown increasingly dark over the decades, taking on a uniform brown patina that never let the place brighten, even with the midday sun pouring in the front window. Behind the bar, the old owner did his job in an always deliberate manner, dispensing friendliness in homeopathic doses. The menu had shrunk over the years, but the portions remained a dependable size. And every Thursday, there was homemade blood- or liver sausage.

Herbert Hausmair had always been fascinated by this dark hole of Viennese gastronomy, and a few years back, with many years of experience at Wickerl in the ninth district behind him, he asked about taking over the place some day. It was still too early, so Hausmair ran two other restaurants, first in Ybbs in Lower Austria, and then in Vienna's Cottage-strasse, until he was able to open the present Gaststätte in 2006. The visible changes were few: a bit more colour, perhaps, but as much patina as ever.

What really changed was the menu, which became more extensive, as well as the way of doing things. Today the ham rolls are rolled by hand, and it goes without saying that the liver dumplings, semolina dumplings and sliced pancakes for the soups are homemade. The *Reisfleisch* (rice with meat) can be ordered juicy or sticky, and some simple dishes that seem to be going out of style, such as unbreaded *Schnitzel* with buttered rice, are still on offer. Hausmair's suppliers are no secret, and he even offers their products to take away at very reasonable prices.

SCHILLING

Burggasse 103, 1070 Vienna
tel.: 01/524 17 75
www.schilling-wirt.at

SMART AND YOUNG.

It's an old place that continues a long tradition. While Schilling has only been here since 1999, there has been a restaurant on this spot since 1898. It took on its present form in the early 1950s and, with a bit of luck, survived a series of ownership changes relatively unscathed. The present-day visitor looking at the ancient Bretschneider bar, the old refrigerator behind it and the panelling on the walls is looking back on some 60 years of history.

Schilling had a turbulent time of it in the 1970s and '80s, and then had the good fortune to pass through the hands of two successive owners who did much to preserve its character. Today it is extremely successful on an aesthetic, culinary and commercial level. The clientele is drawn from a smart, young crowd, while the typical *Beisl* cuisine features an excellent selection of traditional Viennese dishes. Unusual for Vienna and thus all the more welcome is the variety of beers on offer: both Schleppe and Villacher are on tap, and even local patriots can't deny that they are of a quality that is hard to beat, let alone equal.

Fotos: Philipp Horak

8

JOSEFSTADT

BLAUENSTEINER, ZUR STADT PARIS

Lenaugasse 1, 1080 Vienna
tel. 01/405 14 67
www.gastwirtschaft-blauensteiner.at

INVISIBLY RENOVATED.

Blauensteiner has the Austrian novelist Heimito von Doderer to thank for its place in literary history. In his story "Ein anderer Kratki-Baschik" he mentions the owners, Franz and Elly Blauensteiner, in the most flattering tones. Viennese authors are known for such practices, and specialists can find some 40 cafés, restaurants and bars in Doderer's works. Blauensteiner is, however the only one that still survives today.

Until the 1990s it was popular with the city's artists and intellectuals. Then it closed its doors for 15 years, giving rise to a series of horrible rumours that some fast-food, supermarket or espresso chain had the old place in its sights. It didn't happen. Franz Blauensteiner was simply waiting for the right man to come along.

Three of them did at once: Erich Lentsch with his years of experience in one of Austria's finest restaurants, architect Erich Langsteiner and painter Gerhard Gutruf. Together they made sure that the renovated Blauensteiner hardly looks renovated at all.

It was a great success, and since mid-2009 fine Hubertus beer has been running from the taps to accompany the grandiose goulash (Lentsch says the size of the pot makes all the difference). The blood pudding recipe he brought with him from his previous job and the heart of veal in a creamy root-vegetable sauce have become classics in record time. The lunch menu sometimes features Mediterranean specialities that are a bit more contemporary, but Viennese traditionalists will quickly forgive Lentsch after tasting his boiled breast of beef with horseradish bread sauce or his stewed tongue.

BEIM CUMPELIK

Buchfeldgasse 10, 1080 Vienna
tel. 01/403 25 20

BOWS AND FRILLS.

A first impression of Cumpelik: it's as neat and pretty as a grandmother's sewing box. There's nothing exaggerated about the décor: here a bow, there a flower bouquet. Unlike the typical, male-dominated pub, there's a female hand visibly at work here, but a restrained one, not Laura Ashley.

Christine Cumpelik is the younger of the two sisters who ran the legendary Gasthaus Ubl on Mühlgasse near the Naschmarkt. A few years back, she felt a need to set her own working hours and moved with her husband to this place. The furnishings are exemplary and the cuisine is classic Viennese and made from the finest ingredients. The diners come from throughout Vienna to enjoy the offal dishes, which can be the most difficult to pull off successfully. But the boiled beef as well as the roast veal, beef and pork are all wonderful as well. The attention to detail can be seen in the preparation of the cabbage used in salads: it's first cut and then briefly cooked before being marinated. That makes the salad a simply incomparable delicacy. And Christine's husband deserves praise as well: the beer and wine could hardly be better.

FRANZ

Florianigasse 19, 1080 Vienna
tel. 01/947 84 00
www.lokal-franz.at

NEO-CLASSIC.

Among the best *Beisln* in Vienna is a surprising number of traditional favourites that have recently come under new ownership. Perhaps there is a generation of offspring who want to show their parents how it's done, perhaps the new owners just want to please the old customers, or perhaps they simply stand out because they have raised the previous quality. Whatever the reason in the case of Franz, the new owner is from a fine family: Franz Machhart's dad ran the legendary Wickerl on Porzellangasse. After working for a time in his fathers kitchen, Franz took over the no-less-famous Arlt across from the Sport Club field in Hernals and took a brief intermezzo in the Burgenland before settling down at his current location.

And here it's a joy to see him at it, preparing the entire range of classic Viennese cuisine, gaining an ever-larger audience of regulars with his piquant *Kuttelflecksuppe* (tripe soup), numerous fish dishes (char, whitefish, etc.), lots of (organic) lamb, sausages and all kinds of offal, and thus things that are not often found on a classic Viennese menu. The list also changes with the time of year, of course, variously featuring wild garlic, asparagus and game in season.

9 ALSER-GRUND

ORLIK
Spittelauer Platz 1
1090 Vienna
tel. 01/317 21 04

THE WAY IT ALWAYS WAS.

Herr Werner has been waiting tables here for 18 years and has watched the name transition from Staudigl to Schindler to Orlik, which it's had for some seven years now. In all that time almost nothing has changed: the refrigerator behind the bar was made in 1942, the furnishings of the taproom in 1957. The extra dining room (for non-smokers) is from the "Second Melamine" period, and the outdoor garden across from the railway station probably looked as it does now when the place was founded in 1928. Along with Herrn Werner, the cook is also a relic from the Staudigl era, but the other personnel has been "modernised" a bit in the meantime.

The menu has hardly changed either: all the Viennese standards, including boiled beef, roast pork (in its own juice with potato dumplings and warm cabbage salad), *Schnitzel* and a couple of specialities of the house like sliced turkey in a brandy and cream sauce ("very popular", says Herr Werner). For dessert there are four different kinds of pancakes. The prices are from the good old days as well, with only one dish exceeding the ten-euro mark. It's all just the way it always was, although there are fewer railway workers since the company started checking the alcohol levels of its employees.

REBHUHN
Berggasse 24, 1090 Vienna
tel. 01/319 50 58
www.rebhuhn.at

ABOARD THE MS REBHUHN.

How can an old restaurant suddenly become incredibly popular, even though little has changed? The huge bottom of a barrel that was installed in the façade of the restaurant at some point to serve as the entrance has long since become a district landmark. It is familiar to anyone who has ever lived or worked in the area, but that does not suggest that they've ever dined here.

Things changed significantly in 2004, when young Caroline Kargl moved from Berlin to Vienna and took over the place, a temporary solution, she thought, to a problem that had arisen when her parents, who had run the place from 1970 to 1992, became involved in a legal dispute over the licence. The dark wooden floor and vertical lighting give the long dining room all the atmosphere of an old ship's hold. But 2004 turned out to be the perfect time. The young clientele thought it was cool and retro, while older diners saw it as authentic and quirky at the same time. Caroline Kargl's temporary solution was soon an established fact.

It's hard to find a seat at Rebhuhn: every table is occupied. There's lots of noise, air you can cut with a knife and an interesting mixture of students, locals and bohemians. Meat-strudel soup, *Schopfbraten* (neck of pork), *Schnitzel* (of course) and *Tafelspitz* (prime boiled beef) are firmly anchored on the menu, all of it well-prepared and served in generous portions. Then there's shoulder of lamb with couscous, fried zucchini and braised fennel, which are popular with students. And which do nothing to detract from the Rebhuhn's authenticity.

ZUM REZNICEK
Reznicekgasse 10, 1090 Vienna
tel. 01/317 91 40

WHERE FANS MEET.

Reznicek is just a typical, inconspicuous *Beisl* in a quiet part of town but it has a large if unofficial fan club working to spread its fame (i.e., on the Internet at speising.net). That is partly the result of the brilliant range of offal dishes, which owner and chef Herbert Prockl prepares with great devotion and competence. That's why the various kidney, liver, brains and combinations thereof are available only on Tuesdays, when they are available fresh at the market. You'll need a reservation for a Tuesday, and the same applies to the Saint Martin's Day period, when fans arrive to enjoy Vienna's best goose.

As a chef, Prockl looks as though he might have stepped out of a film in his white jacket, moustache and lively sense of humour. He also has a profound knowledge of the secrets of Viennese cuisine and a commitment to using only the finest ingredients. Everything is made on the premises, and you can taste it.

But Prockl is also remarkably knowledgeable about wine and offers vintages from winegrowers unrecognised by other Vienna gastronomes. The beer

Photos: Peter M. Mayr, Michael Reidinger

comes from nearby Schwechat and refutes any prejudice one may have acquired against that traditional brand.

WICKERL

Porzellangasse 24a, 1090 Vienna
tel. 01/317 74 89

EXEMPLARY EATERY.

This "official" neighbourhood restaurant always remains true to itself. Famous chefs as well as non-culinary prominence have been coming here since the late 1980s. In those days Wickerl was a place where the *Beisl* identity was undergoing a Renaissance: patina suddenly meant more than "old" and *Beuscherl* (finely chopped lights) was more than a dish for the poor. Wickerl featured all the charms of Viennese cuisine combined with *Beisl* culture, and the customers were delighted. And still are, because subsequent owners never changed the concept: the picturesque, if somewhat run-down taproom still feels authentic. And then there's the cuisine with which Wickerl has always conquered the hearts of *Beisl* freaks. Divided into the sections "Boiled", "Roasted" and "Fried", the menu contains vast quantities of old Viennese delicacies, ranging from classic *Beuscherl* and fried liver to rediscovered delicacies such as *Alt-Wiener Backfleisch* ("old Vienna fried meat") made with sirloin. But there is also a refreshing tendency to acknowledge new trends, such as paying attention to the quality and origin of ingredients. Pasture-raised Austrian beef, for example, is found in the form of boiled beef with apple-flavoured horseradish and chive sauce. Along with the house wines in red or white there are twelve fine vintages that are also served by the glass. Wickerl simply keeps developing while remaining the way it has always been.

10 FAVORITEN

ZUM WERKELMANN

Böhmischer Prater, Laaer Wald 218
1100 Vienna
tel. 01/688 71 06
www.werkelmann.at

BACK IN BUSINESS AFTER 28 YEARS.

Werkelmann (an Austrian term for "organ grinder") is the best place to have a meal in the Böhmischer Prater amusement park on the southern edge of Vienna. Even in a city that devotes as much energy to nostalgia as Vienna does, the "Bohemian Prater" raises the concept to an art form. The small amusement part has little merry-go-rounds, shooting galleries and old bumper cars that predate the gaudy hi-tech entertainment of its big brother, the Vienna Prater.

In earlier times the Böhmischer Prater was full of restaurants, wine-bars and refreshment stands, which were its real attraction. Many of them had grown up from pubs that had served the Bohemian brick-makers producing building materials to fuel Vienna's rapid expansion in the late 19th century. Werkelmann was open from the turn of the century until 1960, when it was closed by its last owner, Wolfgang Geissler's grandmother. There it stood, threatening to fall into decay until Geissler came along 28 years later, renovated the place, opened a Werkelmann museum, and turned the stoves and ovens back on again.

Today Werkelmann continues to survive in 1980s style, serving up grilled chicken, smoked pork knuckles, *Schnitzel* and *Bauernschmaus* (a hardy plateful of meat, sausages, dumplings and sauerkraut). But there are also such Bohemian specialities as meat dumplings and pancakes with various typical fillings. The wine list features a remarkable number of top producers.

MEIXNER'S GASTWIRTSCHAFT

Buchengasse 64, 1100 Vienna
tel. 01/604 27 10,
www.meixners-gastwirtschaft.at

A FAVOURITE IN FAVORITEN.

A few years ago Meixner was described as "the prototype of an appealing suburban restaurant". More accurately, Meixner is better than almost any other suburban restaurant. That reflects the fact that the owners take their inspiration from some of the finest restaurants in the country. They are neither playing in the "*Beisl* League" nor do they discourage customers who come in to have a glass of wine at the bar.

The place not only appeals to a "better" class of people in the mostly working-class district of Favoriten; it also attracts gourmets from throughout the city. The fine wine list certainly contributes to this phenomenon, but decent wine is available almost anywhere. No, it's the combination that makes the difference: the character of the restaurant, the unobtrusive, competent service and the fine cuisine. The food is a bit expensive for the district but not prohibitively so, and the quality of ingredients can hold its own against the finest restaurants in town. The ham, sausages, etc., are made by the brother of the chef, who hails from the southern province of Carinthia. In general, the quality is far higher than the usual Vienna standard and the fare is markedly seasonal.

11 SIMMERING

BARBANEK

Fuchsröhrenstrasse 13
1110 Vienna
tel. 01/749 21 18

GOOD GOOSE!

Barbanek became famous in the 1980s for the quality of the geese it served on and around Saint Martin's Day. The birds came from the owner's cousin, who delivered them to this location where, to misquote an old German expression "the fox and geese bid one another goodnight": in other words, the middle of nowhere.

The next Barbanek generation has meanwhile taken over, and the extended family no longer raises geese, but the high quality has remained the same (make Saint Martin's Day reservations well in advance).

The menu is short but tied to the seasons and thus varied. The cooking is traditional but not without flair: lamb chops with sheep's cheese or steaks with kidney beans, for example, and in season there may well be chamois or ibex on the menu. The ingredients are top-drawer, which is particularly important for offal dishes: kidneys, brains, liver and *Bruckfleisch* (a rare offal combination).

The wine list is also short and devoid of great names, but it is well-selected and complements the food extremely well.

Take a close look at a city map before venturing out here. The place is at the end of what looks like a village road, and if the underground station were not nearby and the Gasometer in view, the feeling would be quite rural.

WEINHAUS HOCHMAYER

Simmeringer Hauptstrasse 42, 1110 Vienna
tel. 01/749 17 68

WINE HOUSE? MEIN HOUSE!

The name "wine house" has almost become a thing of the past. It dates from a time when gastronomy in Vienna was more clearly divided into a number of distinct categories. A *Beisl*, *Gasthaus* or *Wirtshaus* (now all terms that best translate as "pub") were quite different from one another, each implying a special atmosphere, cuisine and dining public. The name *Weinhaus* suggested a direct connection with a winegrowing area, and a *Weinhaus* often offered not just food (mostly simple) but lodging to its clientele, mostly men, often commuters or workers who had come to Vienna from the same province as the wine.

Today the *Weinhaus* has almost disappeared from the Vienna landscape, which would make the continued existence of Hochmayer a good thing in itself, even if it were not so incredibly lovely and authentic. Hochmayer is just the way a *Weinhaus* must have been in the 1920s: the low arches of the ceiling painted in a floral pattern, the massive furniture of indestructible oak, melamine-topped tables for all eternity, the cash register that has been converted to a new currency four times. The floor is of wood, the stove of green tiles, and the price list on the wall is not nostalgic decoration but a statement of fact. The wines still come from the Pulka Valley, where the Hochmayer family has its vineyards. The cuisine is hearty, working-man's food, and the kitchen can quickly run out of it when a timeless favourite like meatloaf is on the menu. We can only hope the place will still be here in another 90 years.

STERN

Braunhubergasse 6, 1110 Vienna
tel. 01/749 33 70, www.gasthausstern.at

A RISING STAR.

If you think a wonderful old restaurant cannot be improved, young Christian Werner will teach you otherwise. He wanted to cook the kinds of things he likes to eat, says Werner. Fortunately for us, they include pork-neck *Schnitzel* fried in lard, boiled beef with horseradish bread sauce, and kidney with eggs.

Two years ago Werner took over the wonderful old restaurant Pistauer-Pöplitsch, which had the gift of taking a normal location and making it a beautiful place. While the blocks of council flats rise only a hundred metres away in a noisy neighbourhood, the restaurant is set in a village ambience. The corner of Hugogasse and Braunhubergasse is a tiny oasis where everything is as it should be.

Werner did not just take over the lovely old Pistauer-Pöplitsch, he carefully renovated it, uncovering the ancient wooden floor and using simple means to undo unfavourable changes made over the decades. The menu is also an interesting combination of tradition and innovation. The special offal menu lists 13 items, ranging from *Kuttelsuppe* (tripe soup) to calf's brains from an organically raised animal as is the *Tafelspitz* (prime boiled beef). The side dishes are wonderful as well. And then there is the fish, Christian Werner's secret passion. Fried fish on Friday is simply not good enough. His guests come instead for the Styrian zander, the Creole fish soup and the *Goldbrasse* (gilthead sea bream). The diners love it so much that it has become difficult to find a seat.

Photos: Michael Reidinger, Erich Reismann, Philipp Horak

Goldmarie

Stafler

12

MEIDLING

GOLDMARIE

Hoffmeistergasse 7, 1120 Vienna
tel. 01/817 01 58, www.goldmarie.at

FAIRYTALE COME TRUE.

This restaurant in the culinary no man's land near Meidling Railway Station is a surprisingly enchanting place. Barbara Kalmar, the young chef at Goldmarie since 2005, says the original restaurant was famous under the nickname "The Singing Landlady". The singer's no longer here, and the music today is mostly rhythm and blues.

Goldmarie opened under the present name in 2004, when it was taken over by three members of the service personnel, Martin Tzolov, Armin Weidner and Kalmar herself. Today it can be divided into two "spheres" that at first glance appear to have little in common: the courtyard with its teak furniture, green plants and arcade on the one hand and the restaurant interior with its dark wooden furniture, flooring and panelling on the other. This old-fashioned (in the positive sense) interior is all the more curious because the adjective applies so little to the three owners. They effortlessly combine the down-to-earth heartiness of Viennese cuisine with modern lightness: *Schnitzel* fried in clarified butter, *Beuscherl* (finely chopped lights) and beef broth seem to feel quite comfortable on the menu next to quiche with radish-tzatziki, lemon polenta, and pork fillet in red-wine sauce. In any case, the residents of Meidling are grateful the place is still here. There is an enormous number of regulars, and virtually all of them exit Goldmarie with their faces beaming with pleasure.

STAFLER

Ehrenfelsgasse 4, 1120 Vienna
tel. 01/815 62 35
www.stafler.at

LOVE AND DEVOTION.

Once upon a time there was Gasthaus Wunsch, tucked away on a side street in the grey, working-class district of Meidling. Wunsch was small, simple and simply lovely: the wooden floor, the old Bretschneider bar, the polished lamps. It was clear that the eponymous owner had been called, if not summoned, to his profession.

The Stafler-Lesigang family lived right around the corner and came frequently to Wunsch. And the urban planner and journalist thought to themselves: if ever we have a pub, it will be one like this. And it came to pass that Herr Wunsch retired, and the Staflers became pub-owners without having to give it much thought.

They took a wonderful pub and made it even more wonderful, trying out various waxes and polishes to make the old place really shine and getting rid of a few knickknacks in order to let the simple beauty of the place come into its own. The love and devotion they poured into it are still visible today.

Georg Stafler gave up his job and moved into the kitchen. A scion of one of the great gastronomic families of South Tyrol, he enriches classic Viennese cuisine with dishes from his former home, and it's a highly successful, if unusual, combination. Sterzing bacon, Stravecchio cheese and the deep berry ripeness of Lagrein Dunkel wine, all of them from his native northern Italy. As the Viennese like to say: "It all used to be part of Austria anyway."

13 HIETZING

MAXINGSTÜBERL

Maxingstrasse 7, 1130 Vienna
tel. 01/877 55 81
www.maxingstüberl.at

IN THE PALACE WALL.

This restaurant has been around since Napoleon occupied Vienna in 1805, is tucked into the wall surrounding the grounds of Schönbrunn Palace, and still looks pretty much the same as always. Coming from the hustle and bustle of Maxingstrasse, you enter another world. The low-ceilinged, wood-panelled rooms exude charm, but the place has none of the contrived rustically elements of other such pubs. It has simply stayed the way it was, with oiled wooden floors and ancient stove.

In other ways as well it is far less pretentious than the surrounding district of Hietzing, generally considered one of the snobbier areas of Vienna. There is no wine list because there are no wines by the bottle. The choices are between a good red and a good white house wine, or between a Murauer and a Budweiser beer. That's it, except for the apple juice. The owner and cook do all the work, with the owner's wife lending a hand when things get busy.

The menu has lots of "small" dishes, such as *Selchfleisch* (smoked pork) with horseradish, beef tartare with toast and *Schmalzbrot* (bread and dripping) with chopped onions, but don't be misled by the "small". A stand-out among the main courses is *Stelze* (knuckle of pork) "for two", which provides enough pork, bread dumplings and sauerkraut to feed a family with hungry kids.

ZUM LUSTIGEN RADFAHRER

Rohrbacher Strasse 21, 1130 Vienna
tel. 01/877 87 39

A HAPPY DEVELOPMENT.

Once a popular place to wind up a day of cycling on the outskirts of Vienna, this is now an inside tip in the urban neighbourhood of Ober St. Veit. Wilhelm Haslinger, a member of the third generation of his family to run "The Happy Cyclist", says no one ever moves away from this area. As if to prove it, his family has been running the restaurant since 1927. But weekend cyclists had been dropping in for refreshments since 1887, three years after the invention of the Rover Safety Bike.

Nothing remains from the early "cyclist" days, but the beautiful Stramitz bar is at least half a century old. In the 1970s the place was enlarged and modernised, says Haslinger, because a venue was needed for the regular concerts and other events. But the food was and remains a strong drawing card. At least once a week the menu features *Bruckfleisch*, a rare offal combination that Haslinger gets on special order from his butcher. There is also a menu just for the dishes served with freshly grated horseradish, including such delicacies as tongue and blood sausage.

And the setting is wonderful, too: in fine weather you can sit in the large garden and listen to the laughing children on the nearby playground. It won't be long before a cyclist whizzes past, and you'll wave almost automatically.

WALDTZEILE

Speisinger Strasse 2
1130 Vienna
tel. 01/804 53 94
www.waldtzeile.at

STATION RESTAURANT WITH A HISTORY. People from the neighbourhood still call this wonderful place "Schlusche". For decades it enjoyed a sensational reputation under the name of the eponymous owner, known not only for his ample size but also for his bad moods. The traditional Viennese fare was too good, however, for any perceived surliness to be held against him.

The restaurant is virtually part of the Speising station, and while international trains don't stop here, the local ones provide an excuse to leave the car at home. Seen from the station, Waldtzeile looks like a country inn, but the interior is 100% "old Vienna".

Some 15 years, after the previous owner died, his family wanted to prevent its conversion into just another Chinese restaurant. Fortunately, a young Dutchman came along with his family and a restaurant licence. The new era began with nine months of careful renovation, and today it looks the way it did a century ago. The cuisine is classic Viennese as well and prepared by Peter Rosenberger, a young cook who insists on ingredients fresh from the market. The fish is excellent, but the Website directs perspective diners' attention to boiled beef, *Schnitzel*, goulash and co. The beer from Carinthia is a real plus.

Photos: Philipp Horak, Peter M. Mayr

14
PENZING

ZUM BLAUEN ESEL

Hadikgasse 40, 1140 Vienna
tel. 01/895 51 27
www.blauer-esel.at

REALLY RELAXED.

This place has worn many hats over the decades. Founded in 1875 as a place for coachmen to relax after dropping their employers off at Schönbrunn Palace, it mutated into a café with dancing, then a cabaret and finally a restaurant. Greek until 18 years ago, the cuisine is now, once again, solidly Viennese. No one seems to know the origin of the name, which means "blue ass". Possibly it was a reference to the state the coachmen put themselves in, "blue" being a German synonym for "pissed" or "loaded".

The heavy traffic outside is not appealing, but there is a wonderful garden with an ample grill, and in the summer it turns out all the stuff that makes one's heart beat faster, from fish to spareribs to tandoori chicken. Not, perhaps, for purists among the fans of Viennese cuisine, but in such a setting, who cares?

That is not to suggest that the interior is any less attractive. On the contrary: the charming old *Beisl* style has been preserved, and the taproom features a giant square bar that extends outward from the old refrigerator set against the wall. When the grill isn't running, the kitchen turns out Viennese standards along with some fine seasonal delicacies.

PRILISAUER

Linzer Strasse 423, 1140 Vienna
tel. 01/979 32 28
www.prilisauer.at

BEST MIDDLE CLASS.

In German, "good middle-class cooking" is synonymous with "just plain good" and the superlative form applies to this place. Prilisauer lies in a posh area of Vienna's 14th district, near the Vienna Woods. The people who live nearby tend to be posh as well, and when they go out to eat, they want something good they don't get at home: tournedos with asparagus and sauce béarnaise, for example, when asparagus is in season.

Prilisauer has been an institution for more than 120 years. It deserves the name "restaurant" even if its taproom exudes old-fashioned pub charm. Sadly, the dining room beyond has been renovated with lighter wood and more colourful fabrics, but the cuisine has fortunately remained the same. The menu always lists *Wiener Schnitzel* (made, of course, with veal), *Cordon Bleu* (Schnitzel stuffed with ham and cheese) and *Tafelspitz* (prime boiled beef), all at prices that give the neighbourhood locals no pause for thought. The menu of the day is always seasonal. There used to be lots of places like this for taking the family to Sunday dinner. Sadly, only a few remain.

15
RUDOLFSHEIM-FÜNFHAUS

HEIDINGER

Selzergasse 38, 1150 Vienna
tel.: 01/985 99 11

LOCAL PROVIDER.

Heidinger, which lies in Vienna's 15th district about a block before you reach the Meisel Market, is popular with the residents of this rather uninviting area. They are an interesting mixture of young and hip, old and lower middle-class. The former, in particular, have made an important discovery about Heidinger: if five people are sharing a flat, a meal for two will feed them all. The portions are incredibly huge, and the wait staff spends a lot of time wrapping the leftovers in aluminium foil.

Remarkably, the prices are extremely reasonable and the food outstanding. No trace of new, light cuisine here: these are substantial meals for heavy workers. Deep-fat-fried dishes would dominate the menu, if there were one. Instead, the standard menu items are written in chalk on a large board on the wall. The daily specials are on two smaller boards that the waiter brings to the table. The *Schnitzel* can be of pork or chicken, and then there's boiled beef, *Zwiebelrostbraten* (fried beef and onions in gravy) and zander (fried, of course). The beer, by the way, is wonderful Schladminger.

HERZOG'S WIRTSHAUS

Sechshauser Strasse 120
1150 Vienna
tel. 01/893 69 29

THE MISSING LINK.

This place is a real stroke of luck: an old suburban *Beisl* with fine food that holds high the torch of Viennese

Heidinger

hospitality. Herzog is in the far reaches of the district of Rudolfsheim-Fünfhaus, not far from the verdant landscapes of Schönbrunn Palace, the Grüner Berg (the hill called "Green Mountain") and Auer-Welsbach-Park. If this end of Sechshauser Strasse seems a bit like a country road, this corner *Beisl* is part of the reason. There's nothing on the outside of Johann and Johanna Herzog's place to suggest its popularity among Viennese gourmets. But everything is genuine, and everything is good, often even better than you might expect. The beautiful old interior has the naturally dark patina that comes with age (the bar was made by Bretschneider and is so incredibly well preserved that it numbers among the top three in Vienna).

The Herzogs have done much to create the ambience of this archetypical place, adding curtains as part of their tendency to turn their *Beisl* into a fine, middle-class restaurant. They have done so incomparably well, and the food is wonderfully authentic, too. You will hardly find better oxtail, *Zwiebelrostbraten* (fried beef and onions in gravy) or fried chicken anywhere else, and they are so delicious because of the loving care that goes into them. But the Herzogs also serve risotto, vol-au-vent and fish fresh from the sea, and Johanna Herzog can competently guide you through the excellent wine list.

MARIA VOM SIEGE

Dingelstedtgasse 3
1150 Vienna
tel. 01/893 42 39

MELANCHOLY CHURCH PUB.
In 1992 Monika Deutschmann and Erhard Elsner took over Maria vom Siege, commonly known as the *Kirchenwirt* ("the pub by the church"). Business has always been good in this lively district, which, however, has a rather shady reputation because of the drugs and prostitution found along Vienna's second ring road, the Gürtel.

Pubs by a church are usually a gold mine, but it depends a lot on the church, and Saint Mary of Victory is problematic. It has no heating and is thus too cold for mass to be said in winter. In the warmer months the church choir comes in after rehearsal, and a couple of clubs meet here as well. They include the stamp collectors and an association dedicated to reviving an old railway in Upper Austria, but they don't meet very often. There's no investment or savings club. There have been too many break-ins in the area in recent years.

Leave the car at home when you're planning to visit. You could look for hours and still not find a place to park. Ever since parking permits became mandatory on the other side of the Gürtel, people who live there all try to park here. Many regulars who used to come by car have stopped coming, but the neighbourhood regulars remain loyal. They are drawn back again and again by the fine cuisine of Monika Deutschmann.

QUELL

Reindorfgasse 19, 1150 Vienna
tel. 01/893 24 07
www.gasthausquell.at

AUTHENTIC AURA FOR THE AGES.
Gasthaus Quell not only comes with an ancient history but also knows how to master the present. And that's even more important.

Pubs and restaurants have an aura. While it can't be detected using empirical methods, you see evidence in other people's opinions. Perhaps they say it's a "good place" or that they "like going there". Perhaps they've been saying it for generations.

Quell is that kind of place. It began life in 1896 as Zum Guten Hirten ("The Good Shepherd") and was acquired by the Quell family in the 1930s. That's why the patina reflects the aesthetics of that decade: the broad boards of the parquet floor with its enormous gaps, for example, or the scratched lamps, both of which add to the history.

There's nothing museum-like about the place, however. On the contrary, Quell is a centre of popular alternative culture, and the diners are just as young as the personnel. In part, that's because Leopold Quell personally selected the man who's been running the place for the past six years, Edi Peregi. His father runs the fish market at Schwendermarkt a few doors down the road. Thus Edi Peregi is of neighbourhood blood, which automatically gives him the right instincts for running Quell. The food is legendary and makes the diners euphoric: *Beinfleisch* (beef cooked and served on the bone), fried entrecote and Tyrolean-style liver tell a tale of truth and authenticity. And if few of the young people come here for the authentic cuisine, it still contributes to the aura that makes Quell a good place.

Herzog's Wirtshaus

Maria vom Siege

Quell

Photos: Peter M. Mayr, Philipp Horak

Blunzenstricker

Gelbmann's Gaststube

16
OTTAKRING

BLUNZENSTRICKER

Ottakringer Strasse 71, 1160 Vienna
tel. 01/48 55 78 49
www.blunzenstricker.at

VARIATIONS ON A THEME OF BLOOD SAUSAGE. From the outside, Blunzenstricker ("blood-sausage-maker") doesn't make much of an impression. The location is not particularly elegant, the small garden is tucked away on a side street, and the new signage holds out no promise either. Inside, however, the place is overwhelming: the dining room is panelled with dark wood and equipped with a bar some 10 metres long. The ceiling is papered with old newspapers and has ancient doors (not a typo) fastened to it. Above the panelling, the walls are covered with old photos and genre pictures.

It's all a bit too much, and if Blunzenstricker had nothing else to offer, far fewer local residents would gather here. Despite its size, however, the place is usually full. That's the result of the fine weekly menu, which offers the best from the local markets, from wild garlic and asparagus in the spring to mushrooms, game and pumpkin dishes in the autumn. The standard menu is dominated by breaded and fried, roast and boiled Viennese specialities flanked by a couple of vegetarian dishes and fish. The prices are somewhere between a *Beisl* and a restaurant. But as the name of the place suggests, the trump card is blood sausage, which is served in a wide variety of excellent variations.

GELBMANN'S GASTSTUBE

Wilhelminenstrasse 62, 1160 Vienna
tel. 01/486 15 99
www.gelbmanns.at

ON HISTORIC GROUND. In the last days of the monarchy, the district of Ottakring was home to more than 400 pubs and restaurants, and Gelbmann was the "biggest restaurant in the Holy Roman Empire". There has been one on this site since 1873, but the Gelbmann family moved here only in 1954. In 1987 they sold the place to the Ottakringer brewery, which in turn leased it to the father of the present leaseholder, who, incidentally, trained at Hotel Sacher. The family also runs Vienna's legendary Gmoa Keller. In a district full of gastronomic alpha males, Gelbmann is probably the most alpha of them all. It defends its dominant position with uncompromising quality and variety. There are many speciality weeks, with wild garlic giving way to asparagus, mushrooms to game, and so on throughout the year. The chef also shows a highly competent interest in offal dishes, which are made not only from pork and beef but, depending on the season, also from lamb and goose.

The wine list is rather incredible for a restaurant in this neck of the woods. The young chef only offers wines that he enjoys drinking himself, but the spectrum extends all the way to truly great French vintages, and the prices are set with the welfare of the diners in mind.

SCHREMS

Rankgasse 23
1160 Vienna
tel. 01/493 92 09

THE KING OF VALUE FOR MONEY. Anyone who simply "happens by" will enter Gasthaus Schrems with few if any expectations. That might well be because of the location, the simple façade and the tipplers at the bar with their sometimes coarse manner of speech. A glance at the menu may reinforce this prejudice because it's hardly possible these days to have a decent meal at these prices. A *Schnitzel* for six euros fifty?

But Schrems is not just a good *Beisl*, it offers a level of value for money you won't find anywhere else in Vienna. The secret: in his youth the present owner and chef worked as a *pâtissier* at one of the country's top restaurants, where he learned the value of quality. He took over this place from his parents in the 1980s, did some modest renovating, and has been running it ever since.

The incredible prices have only been adjusted for inflation. The strange amounts (5.45 or 8.75) resulted from an exact conversion from schillings to euros. The small menu offers various forms of *Schnitzel*, a surprising variety of fish and a menu of the day that is always market-fresh. There are almost no wines by the bottle, but the house wine is outstanding, as is the Schremser Bier.

17 HERNALS

WEINHAUS ARLT

Kainzgasse 17, 1170 Vienna
tel. 01/486 02 93
www.weinhausarlt.at

A KIND OF SPORT CLUB.

Vienna football fans are well acquainted with Kainzgasse in the district of Hernals: the Vienna Sport Club has been located there since 1904, maintaining Austria's oldest football pitch. Friends of traditional Viennese cuisine have been familiar with the area for even longer: there has been a restaurant on this spot since 1898. It has been called "Arlt" since 1927, and in late 2008 Thomas Zalud took over the lovely old place.

Zalud knew what he wanted. He had worked for Plachutta and a number of other fine restaurants, and he also knew the neighbourhood, being a resident himself. He hardly changed the place, leaving the magnificent bar with its lovely veneer with brass trim untouched, and continuing to cater for the same group of neighbourhood regulars and their needs. From a culinary standpoint that means: Sunday mornings featuring roast meat, goulash, breaded and fried calf's liver and *Schnitzel*, dishes that inspire confidence and trust. But Zalud and his chef also spent a whole month experimenting with the goulash, the meat for their *Schnitzel* is not the cheapest but certainly the best, and the weekly menu is both seasonal and regional, all factors that indicate the innovative aspect of what they're doing. No one has objected. On the contrary: don't even think of arriving without a Sunday reservation, and if you're hoping to enjoy one of the favourite items on the midday menu you'd better come early. They really sell out fast.

ZUM HERKNER

Dornbacher Strasse 123, 1170 Vienna
tel. 01/485 43 86

PILGRIMAGE SITE.

At a time when there were few stars in Vienna's culinary sky, Heinz Herkner cooked his way through a string of fine restaurants before opening the eponymous restaurant in Vienna's 17th district. It was an old tavern at the terminus of the number 43 tramway line, almost at the edge of Vienna. Herkner simply acted as though he had always run a *Beisl*, and he was extremely successful at it. People were soon making the pilgrimage from throughout Vienna.

Herkner died far too young, and a few years ago the place was taken over by the Riedler family, who continues to run it in his spirit. The enchanting ambience of the old dining room was left unchanged, and the garden is as lovely as ever, as is the cuisine. Karl Riedler and his chef Ludwig Scharf continue to prepare some of the Herkner recipes that were his personal and virtuoso interpretation of Viennese cuisine. This is the place to come for breaded and fried offal, but a number of less typical dishes are also of Herkner's invention. For example, the crab-tail cocktail he brought with him from a previous restaurant. It is one of the few recipes from the early 1970s that deservedly survives.

SCHUTZHAUS AM SCHAFBERG

Czartoryskigasse 190–192, 1170 Vienna
tel. 01/479 22 79
www.schutzhaus-schafberg.at

SEEKING SHELTER.

A *Schutzhaus* ("shelter") is usually in the mountains, but as Vienna has none, a *Schutzhaus* here is in a different category, in this case set amidst the small garden allotments that are typically found on the edge of Vienna. In the 1920s and '30s the infrastructure here was sadly lacking: no sewers, no electricity, no telephone. The shelter provided for many of these needs, including a roof over the gardeners' heads if the wind had just swept the ones off their handmade cottages, and a *Schnitzel* when they were tired of the food brought from home. Over the decades, the level of comfort in the garden cottages improved, and many shelters suffered from a culinary identity crisis. Not this one: its leaseholder of many years, Josef Tschida, made it a great place to gather and enjoy fine cuisine.

After 30 years at the Schutzhaus, Tschida retired in 2009. His successors seemed an unlikely trio at first: three dynamic, successful young men from the event business. To the surprise of everyone, they restored the old place with love and attention to detail. What's more, they continued the culinary traditions, making their own beef bouillon and adding their own semolina or liver dumplings to it, and frying their *Schnitzel* to a golden brown. Of course there's asparagus in May and goose in November, but the standard menu features excellent goulash and *Zwiebelrostbraten* (fried beef and onions in gravy) with the onions slowly sautéed until they're wonderfully crisp. Then there's the fine wine list, excellent beer and smooth service, making this a great place to seek shelter.

Photos: Philipp Horak, Michael Reidinger

Häuserl am Stoan

Zum Renner

19

DÖBLING

HÄUSERL AM STOAN

Zierleitengasse 42a, 1190 Vienna
tel. 01/440 13 77
www.amstoan.com

DINING WITH A VIEW.

Set in the Vienna Woods, Häuserl am Stoan was originally a snack stand, built in 1926 on a rocky site. (Thus the name, which means "small house on the rock".) Still in the same family today, the place couldn't be in a better location, a popular area for both locals and tourists to go for a hike or a drive because of the impressive view of Vienna. On warm, sunny days it's packed.

Because hungry hikers are usually more interested in a quick fix than they are in quality, one might expect the owners to turn out simple dishes at exorbitant prices. Far from it: while "simple" does describe the menu, the food is never boring or poorly prepared. It may be a bit heavy, with portions more closely matched to hungry hikers than indolent drivers, but there is a range of ready-to-eat dishes that have almost disappeared from menus today: roast pork, *Bauernschmaus* (a hardy plateful of meat, sausages, dumplings and sauerkraut) and lentils with debreziner sausage. Plus the kids have a menu of their own. Things are a bit the way they were 40 years ago, and there's nothing wrong with that.

ZUM RENNER

Nussdorfer Platzl 4, 1190 Vienna
tel. 01/378 58 58
www.zum-renner.at

FROM OUR OWN BUTCHER'S.

Nussdorf is more country than city: the Danube lies just across the railway tracks, the vineyards of Nussberg are a short distance away, and the village square has an old inn that looks like it could date from the 17th century. Which it does. Family-owned for many generations, it has always been known for the gigantic portions of meat that come from its own butcher's shop, where they have been cut, trimmed and aged.

The butcher also produces impressive sausages and an incomparable Prague-style ham that has been cured in a mixture of salt, sugar and spices.

Renner is primarily famous for the huge portions of perfectly aged and perfectly boiled beef, but that's not all: there's also the personality of Werner Renner on the one hand and the fact that there's an almost one-hundred-percent chance that you'll find him here on the other. That has made him an icon on the Vienna gastronomic scene. The fervour that is devoted here to the proper storage and serving of the fine wine and Bavarian beer would lend Renner a Cockaignesque touch even without the giant portions. It all matches the sayings you can hear in the taproom, such as: "Better to eat too much than to drink too little." Renner simply operates on parameters of its own that might not work anywhere else.

20

BRIGITTENAU

KOPP

Donaueschingenstrasse 28, 1200 Vienna
tel. 01/330 43 92
www.gasthaus-kopp.at

BETTER MORE THAN LESS.

Kopp is a phenomenon in many respects, most of which have to do with quantity. You can recognise the native-born Viennese by the fact that if you say "Kopp", their eyes begin to shine. Kopp is a huge and not particularly attractive restaurant in Vienna's 20th district and comes pretty close to matching the Viennese definition of *Beisl* paradise: the portions are gigantic, the prices minimal, it's open almost around the clock, and there's plenty of room. Nevertheless, it can be quite difficult to find a table, because the winning combination that has made Kopp legendary has also made it incredibly popular.

Stuffing yourself is simply part of the routine and has nothing to do with cleaning your plate to be polite: it's a challenge to be met. And if you manage to finish your portion of ribs, they'll simply bring you more. The motto: "Viennese cookery at reasonable prices, in ample quantities and best quality". What's more, there's a variety of schnapps to go with every dish. In addition, the place is a colourful jumble of restaurant memorabilia from the past 50 years: photos, posters, barrels and figurines. If you can hang it on the beige walls, they have hung it and it stayed.

The Kopp-Varga family's enormous success has permitted them to buy the place next door as well. But real Kopp fans accept no substitutes: only in the huge original Kopp is Kopp really Kopp.

21
FLORIDS-
DORF

STRANDGASTHAUS BIRNER

An der oberen Alten Donau 47
1210 Vienna
tel. 01/271 53 36
www.gasthausbirner.at

SUMMER IDYLL WITH A HISTORY. Birner is part of Vienna history. The family settled here before the main channel of the Danube was moved farther east in the 19th century. In those days the present oxbow lake now called the "Old Danube" was the river itself. There were some 60 ship mills here, and one of them belonged to the Birners.

Most of the millers went out of business when the river was moved. The Birners made the best of the situation, founding an inn, a pleasure-boat company, a ferry and two bathing beaches, one of which, the Angelibad, is across from the restaurant.

The original inn has been well-preserved, and the taproom exudes history. The garden was extended over the decades to the shores of the lake, and the lowest level is right at the water's edge, justifying the present name, Strandgasthaus ("bathing beach inn").

The street separating the garden from the restaurant keeps the wait staff fit, hauling the good, plain Viennese cuisine from the kitchen to the tables. It's a wonderful combination. Sitting on the lake and having a glass of wine with friends, followed by a Schnitzel or pork medallions for just over ten euros is a treat in every respect. (Important: waterside seating cannot be reserved, so arrive early to get a seat.)

ZUM NEUSIEDLER

Prager Strasse 2, 1210 Vienna
tel. 01/278 53 97, www.zum-neusiedler.at

TENACIOUS TRADITION. Zum Neusiedler has never been suspected of trying to be anything but a fine *Beisl*. It is good and genuine, and that's all anyone wants or needs. Philosophers and theoreticians seeking to intellectualise the nature of the true *Beisl* needn't come here. Zum Neusiedler's customers are mostly pensioners and hard workers who come for a fixed-price meal. Or if they have a bit of time in between, for a spritzer, beer or glass of wine and a bit of conversation featuring the renowned snide humour of the Viennese. If you're sitting nearby, you can't help but overhear them because the place is tiny and the wooden benches are close together. There has been a restaurant at this location since 1923. It has undergone numerous name changes and a few renovations, the most recent involving the use of lots of dark wood veneer. For the past five years it has been run by Jürgen Gollacz, who was joined two years ago by Alfred Wenzli. Gollacz left the name unchanged because the regulars were used to it. The special charm comes from the fact that the owners greet everyone coming and going and that there are three kinds of beer on tap along with a couple of wonderful wines by the glass. There is also a special menu of "*Beisl* dishes", including sautéed kidneys, fried liver, brains with eggs and similar fare. To those who suggest he's following the trend, Gollacz says: "This is the way we've always done it, and we're sticking with it.

ZUM MITTELPUNKT DER WELT

Erlaaer Strasse 80, 1230 Vienna
tel. 01/869 90 85
www.gasthaus-geyer.at

THE CULINARY CENTRE OF LIESING. No one remembers the reason for building an inn and icehouse in what was the middle of nowhere in 1898, but the builder was so proud he called it "The Centre of the World". Be that as it may, it went through 16 leaseholders between its founding and the year 1921. Then it was bought by Mathias Geyer, the grandfather of the present owner. By that time the area was growing, and business was better. Since then it has been handed down to the next two generations, once in 1959 and again in 2001.

Today Gasthaus Geyer is the culinary centre of a world surrounded by a gastronomic wasteland, the demands of the locals apparently being met by Chinese restaurants and pizzerias. But locals who want Viennese cuisine come here, where they are joined by diners from throughout the city. Michael Geyer spent his earlier years at a number of top Austrian restaurants and now applies what he learned to making straight-forward, classic Viennese cuisine with few changes or additions. The quality of the meat he prepares is impressive; it comes from the legendary Hödl butcher's shop, one of the few in Vienna that still do their own slaughtering. The outstanding fruit spirits are from a distillery in the Triesting Valley, where Geyer's parents live, and are of a quality one would expect to find in a far more exclusive setting.

Photos: Michael Reidinger

Register

IMPRESSUM
Herausgeber
Dkfm. Hans Schmid und Christian Grünwald
Chefredakteur
Christian Grünwald (c.gruenwald@alacarte.at)
Chefin vom Dienst
Katharina Kunz
Artdirector
Sarka Langer-Dejmalova
Prepress Martin Painhart
Mitarbeiter Text
Florian Holzer (FH), Uschi Korda, Andreas Oberndorfer (AO), Rainer Nowak, Christian Seiler
Englische Übersetzungen
John Winbigler
Lektorat Martin Grill, Charlotte Richter
Fotoredaktion
Melody Dornetshuber
Mitarbeiter Foto
Philipp Horak, Peter M. Mayr, Michael Reidinger, Erich Reismann
Eigentümer, Verleger, Produktion D&R Verlagsgesellschaft m.b.H. Nfg. KG, Leberstraße 122, 1110 Wien, Tel.: 01/740 77-0, Fax: 01/740 77-888
Geschäftsführer
Gerhard Milletich
Verlagsleiter
Christian Grünwald
Assistenz Andrea Reiter
Produktionsleitung
Martina Fasching
Anzeigen und Promotion
Andrea Koini, Peter Nedelkovics, Tel.: 01/740 77-838, anzeigen@alacarte.at
Aboservice
Karin Gattermaier, Tel.: 01/740 77-838, Fax: 01/740 77-896, abo@alacarte.at
Litho Repromedia, 1110 Wien
Druck Berger, 3580 Horn
Vertrieb
Morawa Pressevertrieb GmbH & Co KG, 1140 Wien
Webdesign und Webtechnik
Scharf.net, Kirchengasse 18/8, 1070 Wien
www.alacarte.at